CW01677034

如何准备雅思 IELTS 考试—听力

赵翠竹 编著

IELTS 环球雅思 .com.cn

中国建材工业出版社

图书在版编目（CIP）数据

如何准备雅思考试．听力/赵翠竹编著．—北京：
中国建材工业出版社，2002．4
ISBN 7-80159-267-0

Ⅰ．如… Ⅱ．赵… Ⅲ．英语—听说教学—高等学校—入学考试，国外—自学参考资料 Ⅳ．H310．41

中国版本图书馆 CIP 数据核字（2002）第 021562 号

如何准备雅思考试——听力
赵翠竹 编著
*
中国建材工业出版社出版
（北京三里河路 11 号 邮编 100831）
新华书店北京发行所发行 各地新华书店经销
北京丽源印刷厂印刷
开本：787mm×1092mm 1/16 印张：14.125 字数：200 千字
2002 年 4 月第 1 版 2002 年 4 月第 1 次印刷
印数：1～10 000 册 定价：49.80 元
ISBN 7-80159-267-0/G·049

环球雅思培训学校

www.IELTS.com.cn

环球雅思培训学校是全国唯一一所专门培训 IELTS(雅思),研究 IELTS 考试发展,编写 IELTS 培训资料的专业单位。近几年来,大量的考生通过我们的培训,取得了良好成绩,成功地出国移民留学。我们的学员已遍布世界各地,许多远在海外的留学生也慕名回国前来参加环球雅思 IELTS 培训。

环球雅思培训学校拥有实力雄厚的师资队伍,每科老师 IELTS 教学经历都超过 3 年。阅读、写作、听力拥有全国最有 IELTS 教学经验的金牌老师,口语则聘请英国文化处 IELTS 考官和中国技巧老师联袂授课。环球雅思本着"质量第一、效果第一"的宗旨,不断搜集最新的 IELTS 考试试题信息,并根据以往的考题及考试形势,精心编排出可以快速夺取高分的培训课程,使每位学生都能在短期内获得满意的分数。

在北京、上海和深圳,环球雅思培训学校每月举办了众多的环球雅思培训课程;雅思长期基础班、雅思住宿班、雅思精品班、雅思晚班、雅思周末班、雅思写作班、雅思口语班、雅思模考班、雅思函授班、雅思 1 对 1 辅导班、雅思网上远程课程和各级英联邦口语班及英联邦听力班,满足了不同学生的学习需求。尤其是精品班保证考过 6 分的双承诺,给考生夺取高分提供了一个质量与信心的保证。

环球雅思所选用的教材都是我们结合考试试题精心编著的,多年来,我们编写的 IELTS 精品教材涉及考试各个方面,达 30 册之多,被全国各地的学生广泛地采用。2001 年由中国建材工业出版社出版的《环球雅思 IELTS 考试精品丛书》一套 6 本将向全国公开发行,帮助全国考生通过雅思。

环球雅思培训课程已成为出国人员实现梦想的有力保证,欢迎每一位自强不息、奋发向上的考生加入到环球雅思的行列中来,我们一同走向世界,创造美好未来。

北京、上海、广泛、深圳、沈阳、青岛、大连、重庆的环球雅思培训咨询:

北京报名处:北京市西苑饭店 7 号楼 57138 室

电话:010－68313388 转 57138/57139　68346789　传真:010－68341453

环球雅思培训学校

www. IELTS. com. cn

《环球雅思 IELTS 考试精品丛书》编委会

主　　任： 张永琪

顾问编委：（排名不分先后）

张晓东　吕　蕾

环球雅思优秀教师

张红玖(写作)　杨凡(阅读)　王陆(口语)　赵翠竹(听力)　尹华东(阅读)　刘小天(听力)

刘晓红(阅读)　philp(口语)(澳洲)　张小眉(写作)　高祖伟(阅读)　郭天惠(听力)

本册主编： 张永琪　张晓飞　李　贞

本册审校： 张晓东　吕　蕾

孙红玖　环球雅思写作老师，5年的雅思写作教授经验，熟悉历届雅思考题，独创“写作倒序授课法”令学员日行千里。

张小眉　环球雅思写作老师，有5年的雅思写作授课经验，快速提高写作成绩。

孙肇春　环球雅思写作老师，多次参加雅思考试，具有丰富的教学及实战经验和授课技巧。

杨　凡　环球雅思阅读写作老师，多次参加雅思考试，对雅思阅读写作经验丰富，教学重实效，技巧性强，深受学生喜爱。

尹华东　环球雅思阅读老师，教授雅思阅读超过4年，曾亲自到澳洲实地考察，熟悉出题思路和题型，有一套高效实用的技巧。

李祖伟　环球雅思阅读老师，积累了多年的雅思教学经验，对留学和移民类试题有独到的解题方法。

贾丽萍　环球雅思阅读老师，有多年雅思授课经验，对雅思重点难点题型有独到的方法。

赵翠竹　环球雅思听力老师，多次参加雅思考试，教学针对性强、效果显著。

郭天惠　环球雅思听力老师，有多年的雅思授课经验，精通雅思考试听说读写各项，已出书立著。

罗剑敏　环球雅思听力老师，长时间钻研雅思，全新的授课方式，让学生在短期内迅速提高水平。

何惠明　环球雅思听力老师，有雅思考试实战的丰富经验，教学效果好。

王　陆　环球雅思口语、听力老师，多次参加雅思考试，教学方式灵活，实效。

谢卡宇　环球雅思口语老师，在国外专业培训 IELTS 多年，可针对考试内容，帮助学生快速提高成绩。

刘晓红　环球雅思资深阅读老师。

刘小天　环球雅思资深听力老师。

philp　来自澳洲的语言专家，环球雅思资深口语教官。

序

听力考试是中国考生在准备雅思考试的过程中感到最为吃力的部分。考生在阅读考试中对文章的理解程度、口语的发音准确、写作中的语法运用等问题,在听力考试中都集中的表现出来。对于大多数准备考试的考生来讲,不可能有完整时间系统的进行英语学习,那么怎样在有限的时间里,充分利用现有的资料提高考试成绩就成了急需解决的问题。本书针对中国考生在听力考试中将遇到的所有问题、考试的题型和内容做了详细地分析,选择了40篇不同类型的常考文章作为单元基础训练,又提供了两套仿真度极高的典型试题。希望考生通过具体的练习在考试中取得理想的成绩。

语言基础并不是评定考生成绩的决定性因素。合理规划利用时间,掌握正确的复习方法,持之以恒就能够取得比较理想的成绩。总的来说,可以根据考生参加考试的时间分为**短期计划和长期计划**两种类型。

短期计划(复习在三个月内参加考试)

短期内参加考试的考生,以第三章和第七章为复习重点,主要以熟悉题型和考试技巧为主。在了解雅思听力考试的题型及解题技巧后,通过做典型试题提高应试能力。如果还有时间,了解一下第四章和第五章中的常规词汇和特征描述,避免在简单的情景对话中失分。

长期计划(复习时间超过三个月,甚至更长)

在准备考试的过程中不主张考生进行持久战,但对于一些基础相对薄弱的考生,保证一定的复习时间还是必要的。具体时间长短可以根据个人的情况而定,因人而易。这里建议考生从第四章和第五章开始入手复习,通过了解相关的词汇和基本句式,掌握情景对话,争取在实际考试的简单题目中能够拿到基础分。在恢复语感和熟悉内容的基础上,根据第三章中分析的题型和解题技巧,逐步适应考试的多样化。最后以第七章的典型试题为例,提高综合的应变能力。

在雅思听力考试实际应试范例解析一节中，以部分考试场景为范例，将实际考试内容加以分类解析，帮助考生对听力考试的内容有一个直观的认识。

最后要提到的是**听力的练习方法**。听力考试不同于其它几部分主要是因为中国考生习惯背诵的学习方式在这里派不上用场，考生要想取得理想的成绩，必须要经过反复练习熟悉考试多样化的题型和口音以及广泛丰富的文章内容。选择两篇文章跟着磁带大声朗读并动手做做听写练习，这样对提高听力会有很大的帮助。在此基础上强化做题技巧，就容易收到更好的效果。英语基础并不是决定考试分数的唯一准则，根据教学经验，只要时间安排得当、方法正确、练习充分，取得理想的成绩不是不可能的事情。

在此感谢张永琪校长对书稿的耐心等待和指正以及环球雅思的工作人员在本书编撰的过程中所提供的帮助。

预祝考生考试顺利。

雅思有多难？通过雅思考试并不难

——写在本书修订之时

随着去英国、澳大利亚、加拿大、新西兰等英联邦国家留学移民的人越来越多，雅思考试也在不断的升温。参加雅思考试的年龄相比前几年明显下降，大量申请留学的高中学生被要求参加雅思考试，许多家长都对自己的子女是否能在短时间内达到考试成绩和是否应该在国内参加考试等问题。

环球雅思学校作为国内最大规模的专业雅思培训机构，每天接待了众多的考生，根据多年培训经验，对基础不同的考生提出备考建议。

雅思考试考核学生听说读写的综合运用能力，相比同类考试更加全面。但同时考试内容采用社会生活和校园素材较多，学术性较少，所以难度并不高，通过培训掌握考试题型后，很容易考取5～6.0分基本分数。

雅思采用9分制，我们根据考生对考试成绩的要求可以将成绩分为三个层次：5分以下（低）；5～6.5分（中）；7分以上（高），提高1分，需要付出一定的努力。但由于口语和写作存在主观给分的问题，因此5～6.0分是绝大部分学生容易获得的成绩。

高中及高中毕业生，英语的基础较差，但因为雅思并不考核专业和词法拼写，所以在短时期内，通过培训辅导，迅速掌握全部题型及其对应模式化解答技巧，考取基本分数并不困难。

我们建议留学生家长不要过多担心考生的年龄，应有针对性的选择合适层次的培训班和考试材料备考雅思，力争在国内获取雅思成绩，减少留学费用（1年节省十万元以上），相信5～6.0分是大部分学生可以在2个月内取得的成绩。

＊如果你一定需要获得6.5分或7分，请进一步向我们的教学顾问了解如何备考情况。

我们的经验是：30%专业教材＋50%应试技巧＋20%个人努力＝100%理想成绩

什么时候参加环球雅思培训最合适

许多学员在准备考试时，总担心自己的基础差，于是通过背字典、苦读半年基础英语来提高，是一种低效率的错误方法。雅思考试考核学生听说读写的日常英语综合运用能力，学术性较少，难度并不高。正确方法应该是：**在得到考试通知后，立即根据自己现有水平，选择相应的环球雅思培训课程，在结束课程后，通过模拟考试，了解自己的偏差科目，再针对性补习0.5～1个月后参加考试。总的说来，随着雅思发展，越早考试难度越低。**

如何选择种类繁多的环球雅思培训课程

1. 确定自己需要获得的最低的雅思保障分数（询问我们招生顾问或你的中介、申请学校）。
2. 评估自己现有英语基础，也可以到环球雅思各地的报名处，参加免费入学测试，确定基础，定位入学。
3. 阅读你所在城市《环球雅思招生简单》课程介绍或访问 www.IELTS.com.cn，了解各种课程的内容和教学承诺。
4. 根据自己的时间，选择相应白天、晚上、周末时段的环球雅思培训课程。

目 录

第一章 雅思听力考试简介

www.IELTS.com.cn

第一章 雅思听力考试简介

一、雅思听力考试内容

1. 雅思听力考试的内容及要求

This is a test of listening comprehension in the context of general language proficiency. The test is in four Sections. The first two Sections are concerned with social needs, while the last two are concerned with situations more closely related to educational or training contexts. Texts include both monologues and dialogues between two or three people, and are heard once only.

A variety of question types are used for the forty items, including multiple choice, short－answer questions, notes/summary/flow chart completion, sentence completion, labelling a diagram and matching.

雅思考试听力部分主要以考察考生在日常生活中的英语实际运用能力为目的,测试考生对英语语言使用的熟练程度。它以生活、教育、工作环境为主要背景,构成情景对话和专题讲座。要求考生在规定的时间内听完四篇完整的文章的同时,完成与文章内容相对应的题目,题目数量在 40～42 道题左右,每个部分约 10～12 道题目。一般的情况下,这四篇文章主要包括两篇对话和两篇介绍性的专题讲座。涉及的内容广泛,信息庞杂,包括现实生活的方方面面。**留学类(Academic)和移民类(General Training)**的考生在听力考试部分使用相同的考试题目。

2. 雅思听力考试典型试题结构

一般情况下第一、二部分文章的主要信息来自于日常生活场景的简单对话,或是相关的生活常识介绍,答案清晰易辨,题型常以表格填空题,选择题等题型为主。文章内容相对简单,答案简单明显。例如:填写海关超重行李表格、护照申办表格、医疗卡、选课通知单、失物认领表格等;都是与日常生活息息相关的生活场景。

第三、四部分文章主要包括两人或多人对话或是长篇陈述性文章,无论是对话还是陈述性文章都是围绕教育培训或是某一个具体的专题进行讨论,例如:关于语言研究的讲座或是天文学方面的常识介绍。内容涉及到科普知识、文化教育、社会生活、生活常识等场景。文章段落相对较前两部分长,表述内容复杂,信息量大,难度相对增加。

文章段落	文章体裁	内容场景	常考题型
文章段落1	对话(两人日常生活对话)	日常生活场景对话:失物招领、房屋租赁、看病就医、选课须知、人物介绍、课外活动安排、外出旅行计划、机场等公共场所问路、社区活动、家庭成员介绍等	填表题、单项选择题、短问题回答
文章段落2	叙述性文章	典型场景内容介绍:学校、机关单位或公共场所的简要介绍、新闻提要、产品介绍、住宿规定、旅游景观介绍、学校方位介绍、图书馆使用说明、各项活动的日常安排、家庭生活、校园生活简介等	方位题、填空题、填表题选择题、匹配题、完成句子、短问题回答
文章段落3	对话(多人对话或是长篇对话)	日常生活话题或专题讨论:学业讨论、消费调查、生活信息咨询、课堂演示、论文选题、学科介绍、校园生活讨论、公共设施使用方法、课堂演示内容讨论,学业内容讨论、具体课程讨论、职业访谈等	短问题回答、选择题、完成句子、图表标签题、填表题、填空题
文章段落4	叙述性文章	介绍性叙述文章(Lecture):学校规定介绍、生活常识介绍、专业课程介绍、工作场景介绍、具体行业介绍等 学术性叙述文章(Seminar):学术领域讲座、专题研究报告、商业活动报告、考古研究成果、科普论题研究等	填空题、填表题、单项选择题、图表标签题、短问题回答

在听力考试的40分钟里,其中30分钟播放录音,**考试的录音只播放一遍**。要求考生边听录音边答题,在考试过程中不再单独给考生留出时间做题。另外10分钟抄写答案。考生可将答案先写在答题册上,然后在誊写到答题纸上。

听力考试包括四个部分,即由四个Section组成。每个部分都是一篇独立的文章,文章的难易程度呈逐步递增的趋势,即正常情况下,第一部分比较容易,最后一部分相对信息多一些。在每段文章开始播放之前,留给考生30秒钟阅读题目,根据题目提供的信息预测即将播放的文章的内容。在每段文章结束后,另给30秒钟检查。当四篇文章结束后,额外有10分钟供考生誊写答案。考试过程中,考生可以在答题试卷上直接做笔记或记号。

二、雅思听力考试实际应试范例解析

在雅思的听力考试中,由于不适应多样化的题型和国际化的文章内容,中国考生在考试过程中常常感到无所适从。专心听文章并不觉得太困难,认真读题也能看懂,一旦按照考试要求边听磁带边做题就会手忙脚乱、顾此失彼。原因是对文章内容和题目类型不熟悉,造成考生的实际水平得不到充分的发挥,从而影响考试成绩。考生听不懂并不完全是能力的问题,而是适应考试方式的问题。只要熟悉常考的文章类型和题型,把握住听力考试的脉络,发挥出应有的水平,经过反复练习就能取得理想的分数。

考生通常认为听力考试内容庞杂、文章选题广泛,因此解题时无从下手。事实上,雅思听力考试的对话大多数以**生活**、**教育**、**工作经历**为背景,部分论述性文章加入了人文历史和科普知识介绍的内容。考生只要对一些场景有个概况了解,在解题过程中就不会觉得太困难,从而提高解题的正确率。下面将一些实际场景加以归类分析,帮助考生了解听力考试的内容。

1. 生活场景

生活场景是实际考试中常涉及的内容,经常以对话的形式出现。主要考察的内容有租房、医疗看病、讨论旅行计划、介绍活动或是节日的安排等内容。考生在复习过程中,只要熟悉相关的场景即可。

(1)租房场景

租房的场景中,经常会考到住所的地点。是靠近市中心还是郊区,附近有没有如商店、花园、车站等易于辨认的建筑物,门牌号码是多少,交通是否便利。所租的房屋里是否配备有家具,如果没有配备家具应该自备或是租用哪些常用电器或是家具,如电视、冰箱、桌椅、床等物品。有哪些必须遵守的住房规定,有否规定最晚回家的时间,可不可以留朋友过夜或是养宠物等细节问题。当然最关心的应该是房租,房租的支付方法,按年、按月、按周计算,包不包括其他费用如电话费、水电费等。还有可供选择的房间类型是单人间、双人间还是三人间,相约看房的时间、联系人的电话或是姓名拼写以及房屋家具的保险金额也是常考内容。如果住旅店还要要求填写入住表格,海外留学生选择住宿是最常考的内容。

实际应试范例

〔范例 1〕

一个女生租房。提到住所的位置,租的房子有没有家具,需要租借的物品和家具如冰箱、桌子、椅子之类的内容。每周租用的价格是多少及看房的日期。

〔范例 2〕

残疾人士询问住旅馆事宜。提到旅馆建立时间,为残疾人士提供的便利设施及住房类型、规定,如单人间、双人间,可否带宠物。此人的姓名,住址,要交的押金。

〔范例 3〕

两个海外学生谈论他们的生活,对各自生活居住状况不满意的地方。男生不满公车次数太少而女生不喜欢和别人一起共用卫生间等内容。此外,男生请女生吃饭的时间和食物及联系电话。

〔范例 4〕

一个日本女生向学校联系住宿的问题。提到姓名、护照号码、申请课程、居留时间、住宿时间和要求、爱好的体育运动、喜欢的交通方式和得到反馈信息的时间。

〔范例 5〕

一个学生描述自己的居住状况。提到住在一起的人数、人物的外貌特征描述、选出一个男生和女生居住的房间位置、储藏室储备的物品和一个女士的义务还有房东的姓名。

〔范例 6〕

女生寻找住房。提到住房时间、所学的课程、住房的种类、女生喜欢的房屋类型是否与人合住、需要交的定金数额，除了应该按月交纳房租外是否还需要交纳部分电话费。

(2)医疗看病

医疗看病场景中主要考核的内容有病人的症状是感冒发烧还是做运动受伤。医生的建议和所开的药品以及服用药品的注意事项，有时还会问到药物的副作用。医疗保健也是常提到的内容，经常对一些典型的病症进行病因分析，然后提出解决办法。

实际应试范例

〔范例 1〕

病人预约医生的对话，病人受伤与医生谈论病情，告知医生扭伤过脚踝、肘关节。要求填写所住的街道名称及联系电话和生日还有家庭电话及办公电话。

〔范例 2〕

男人得了感冒，去看医生，接受检查，持续高烧，医生建议不要外出，并开了些药。如何服用这些药，何时服用和药的副作用。病人可能是肺部感染，服药后副作用感觉困倦。

〔范例 3〕

广告。介绍颜色对病人的影响，如黄、白、蓝等色对患有头痛，胃痛患者的影响。

〔范例 4〕

心脏病的诱发原因，提到脉搏跳动的频率以及由于睡眠不足、饮用咖啡过量、吸烟过量、不健康的饮食结构等因素，容易导致心脏病。以及需要采取的措施，如要参加体育锻炼。但是，第一周每天的锻炼不超过 10 分钟。

〔范例 5〕

娱乐方式作为一种治疗疾病的手段成为日益新兴的行业，考到对此行业的现状分析、从业人员的要求和对未来的发展趋势的预测。

(3)出行计划和景点介绍

外出旅行商讨旅行计划和景点介绍。内容包括申办证件的手续和时间、需要携带的生活用品、旅行过程中的注意事项、使用的货币种类和常见的支付方式、日常行程安排。参观的景点名称、景点的开放时间、门票价格、提供的服务。

实际应试范例

〔范例 1〕

旅行计划,关于外出旅行所需要做的准备工作及携带的物品。提到具体的地点,去哪儿玩;时间,什么时候去;交通工具,乘什么车。每天携带的不同物品名称。

〔范例 2〕

一个女人谈参观了 4 家动物园的感受。分别提到 4 家动物园的各自的特征、优缺点和门票价格。门票价格分为小孩门票、成年人的门票还有老年人的门票,不同年龄段价格不同。

〔范例 3〕

外出旅行所需要做的准备工作。如办签证、打防疫针、携带的书籍名称还有 CD 的名称、物品如靴子、需要的货币种类是澳元(Australian dollar)、日元(Yen)等。

〔范例 4〕

两个人相约在路边餐馆见面商量与旅行相关的事宜。提到的内容有各自点的饮料、男人迟到的原因以及在途中遇到什么人。然后讨论旅行目的地和具体的旅游景点。如 art gallery, castle 和 cathedral(大教堂)等景点名称。要求写出开放时间即哪个是全天开放,哪个是星期一不开放以及两项免费景点,还有最先参观的景点。可能还提到旅行的日程安排。

(4)节日、会议、晚会等活动安排

节日和会议安排经常以日程安排和实际内容为主。主要有会议或是节日的参与者、举行活动的时间和地点、具体的活动内容以及日程安排。

实际应试范例

〔范例 1〕

关于一个节日的介绍,提到节日举行的时间、具体的活动以及活动地点如马戏表演的地点、观看各类节目的观众群体。

〔范例 2〕

两个人讨论在悉尼举行的音乐节。整个音乐节持续的时间、最早参加爵士音乐会的人到场的时间、人们提早参加音乐会的原因、演出场所、整个音乐会的日程安排。

〔范例 3〕

一个计算机年会的日程安排。开会时间、地点、演讲者的头衔和演讲的题目、买参加鸡尾酒会门票的时间、周末旅行个人的费用。

〔范例 4〕

两个学生讨论开晚会的准备工作。内容涉及到具体的时间、地点、收费、需要购买的物品、张贴广告地点等。

(5)特征描述

特征描述主要以物品特征、地点特征和人物特征描述为主。物品特征包括形状、大小、颜色等典型的特征。地点特征是对事件发生的地点,如火车站、飞机场、咖啡店等具体地点的详细介绍和描述。人物描述经常出现的场景有人物介绍、罪犯外貌特征描述、寻人启事。往往以外貌特征和性格特征为主要线索,例如身高、体态、相貌、头发颜色等内容。

实际应试范例

〔范例 1〕

发生一起抢劫案,警察对一个目击者的调查对话,问到抢劫案件发生时受害者的位置、罪犯同伙开车接应的地点、受害者的状况、被抢的物品名称和里面的物品。

〔范例 2〕

男女生互相介绍自己的家庭背景。介绍女方的家人,女生的父亲抵英年份及其父母的职业,并描述一个长辈的外貌及性格特征。男生之父移民英国的年份和男生的姐姐家小孩子的数目。

2. 教育场景

(1)学校设施介绍及规定

学校设施及规定包括对学校的基础设施如图书馆、宿舍、教室、餐厅等公共设施及其使用规定的介绍。在实际考试中很少考察单一的场景,经常几个场景交叉出现在一段对话中或是介绍文章中。

实际应试范例

〔范例 1〕

介绍大学的学生会,谈到会员制度,选举制度,地点以及提供的服务。谈到学校所提供的基础设施及其评论。

〔范例 2〕

学校老师介绍澳洲几所大学的基础设施如图书馆及其安排的讲座内容。同时,还介绍了附近的旅游景观,谈到具体的时间安排表格。

〔范例 3〕

给新生介绍学校的情况,谈到上英语课的人数、老师来自哪些个国家、关于图书馆、行政楼等设施的内容以及星期三和星期五的讲座的题目。

〔范例 4〕

在一个教育展上,一位男士介绍澳洲和新西兰的教育体系。将两个地方的教育制度和体系进行比较。谈到学习时间和地点、校方提供的服务是否包括住宿或是运动设施等内容,学费(tuition)中包含的费用、每个学校著名的原因是在教育水平、学校设施还是其他方面。还提到课程的名称和授课方式。

〔范例 5〕

介绍学校的设施和奖学金。提到拿这个学校的奖学金的好处、学校的设施和所在的方位。

〔范例 6〕

一个大学计划新建一些基础设施，负责人对学生代表的讲话。内容讨论几处新建建筑物的位置和好处以及学生们对此的态度。

(2)学业讨论

学业讨论包括老师和学生还有学生和学生之间的论文讨论、家庭作业、课程选择、学习方法指导、课堂演示的感受等内容。具体论题有论文题目的选择、资料来源、老师推荐书籍、论文字数等详细信息。

实际应试范例

〔范例 1〕

两个学生共同设计了一个作品，准备报名参加一个比赛，提到姓名、年龄、作品名称、特点、日期、形状大小等。

〔范例 2〕

三个学生讨论如何写调查报告。提到一门课程临时被取消的原因、选修课程的名称、老师不建议学生读的书以及图书馆的使用方法。

〔范例 3〕

三个学生接受采访，谈各自的专业。谈到他们各自选修的专业名称、他们已修课程的时间及各自的年龄。还有提到他们选择专业的原因，一个女生谈学习中文的感受。

〔范例 4〕

两个艺术系的学生在商量如何录制一档录像节目。考察的内容有参加录制工作的人员姓名、职务分工、影片名称、拍摄景物、采访对象、作品质量的不足以及下一次讨论的时间。

〔范例 5〕

一个海外留学生和过去的老师谈在海外的学习情况。主要内容有具体的海外生活介绍、不同的学习方式、打工时的工作地点及时间，最后是给新留学生提的建议。

〔范例 6〕

学生参加了课堂演示(Presentation)男女同学分别就自己的表现和别人的

表现发表见解并给学校在教学上提出建议。女生认为其他人参加课堂演示只是照读笔记没有新意,她的选题应该更有意思一些。不满意的方面是因为与其他人不熟悉所以很难参与讨论,希望能够多一些和本专业有关的资料。男生谈他对课堂演示的感受,谈论自己阅读方面的问题。

〔范例 7〕

女生逃课,男生给女生讲家庭作业。谈到研究课题的选题、论文字数和资料来源。提到参考书的著者名称、参考书的出版时间、出版社的名称等内容。

〔范例 8〕

老师和学生讨论家庭作业,要求学生解释完不成家庭作业(assignment)的原因。谈到如果由于生病或遇到意外时完不成作业可以商量。提到几个作者的名字和推荐的书籍名称,要求选出有用的书籍,部分有价值的书籍,必读的书籍,只读第一部分的书籍,读结论的书籍,了解方法的书籍,不需要读的书籍。

(3)学习方法及生活建议

学生在学习过程中由于学习方法不当影响学习效率,在生活中也会遇到困难,学校经常在生活和学业上给予指导。

实际应试范例

〔范例 1〕

三个学生谈论课堂如何记笔记。学生上课记笔记有困难,另外两个人提建议,一个建议用录音机将上课内容录下来,然后反复听。另外一人建议记主要的标题比较省时间,一个女生建议下课后立刻复习效果比较好。

〔范例 2〕

一个关于理财建议(financial advices)的讲座,老师教学生如何省钱。建议学生不要一次性购买所有学校要求买的书籍或仪器,先买重要的物品,或买二手货,并谈到二手书的书名和价格。有的费用可以与同学分担如房租和交通费。如果遇到困难或需帮助,可与学生会联系。

〔范例 3〕

老师教学生如何合理计划时间,通过合理运用时间提高学习效率。认为学生在学习中遇到困难是因为没有明确的学习目标和好的学习计划。建议学生根据自己的情况制订相应的学习计划,如日计划、月计划、学期计划。制订学习计划的目的是为了提高学习效率。

3. 工作场景

工作场景包括招聘启事、部门单位介绍、日常工作内容简介等。

实际应试范例

〔范例 1〕

在面试时提问问题的类型和回答问题的技巧以及影响面试的因素如家具摆设的位置,照明,坐姿,身体语言等。

〔范例 2〕

一个女子找工作和人事经理的谈话。包括公司简介、工作内容和工作部门的介绍。工作要求和服饰要求即穿什么衣服上班,及公司是否提供职业培训和福利,一年有几次假期。

〔范例 3〕

一个男人回忆一天的工作状况。提到他有几个孩子、在工作中遇到的问题和解决问题的方法、还有吃午餐迟到的原因、工作中比较满意的两件事情和未来即将做的两件事情。

4. 人文历史场景

人文历史场景主要包括一些专题讲座。内容包括考古发现、语言研究、某个国家或地区的历史研究、土地制度的沿革等。

实际应试范例

〔范例 1〕

英国三种土地制度的变化,从农民有自己的土地说起。谈到土地的历史沿革及发展轨迹。考到不同的年份、牧场大小、土地面积和管理部门等内容。

〔范例 2〕

介绍英国牛津和剑桥的历史,如:建校时间、学生来源、资金来源、授课方式、管理方式等。

〔范例 3〕

Aztec 部族的考古发现。谈到进贡贡品的形式、耕作的地点、考古过程中发现的依据、部族的建筑模式、经营和贸易方式等内容。

〔范例 4〕

关于语言发展的讲座。以西班牙语、英语、汉语、日语为例分析语言特征，从中发现各自特点。最后谈语言是如何传播的，通过人类的迁徒将语言远播四方以及语言发展和人类迁移的关系。

〔范例 5〕

一个博物馆的考古发现。提到这个原始部落存在的年代、考古工作进行的年代、在考古过程中的发现。还有对一具女尸进行解剖后，对她的牙齿、骨骼、手指等进行分析。

5. 科普知识场景

科普知识场景在近几次考试中，所占的比重逐步增加。从科学考察研究到动物的生活习性以及日常的科普常识和科学发明史，内容无所不包。要求考生具备相应的背景知识和相关词汇，这类文章考核的范围在某种程度上来说已经超出了语言范围。

实际应试范例

〔范例 1〕

关于天文学的讲座，提到不同的教授名称及其所代表的天文学的流派和各自的学术观点。

〔范例 2〕

有关莱特兄弟发明飞机的文章，谈到他们发明飞机的过程、研究依据、借鉴的经验、包括遇到的问题和解决方案、如何解决机翼和螺旋桨的问题等。此外提到其他国家对飞机的研究情况，如资金来源、遇到的困难、科学研究与运气的关系。

〔范例 3〕

关于城镇环境问题。提到这个城镇遇到的具体环境问题，分析它的优势和劣势和相关的植被、水土、气温等情况。再有谈到植物对城市环境所起的作用，如可以降低风速，影响湿度等。

〔范例 4〕

南极洲的科考研究。提到建立科学考察站需要考虑的因素、被访者对南极的印象、南极在地理概念上划分的依据、适宜考察南极的季节、南极条约的内容。

〔范例 5〕

鲨鱼研究的文章。提到鲨鱼的重量，鲨鱼如何游泳和食物来源，每年猎捕鲨鱼的数量和捕鲨鱼的地点。

〔范例 6〕

介绍猎鹰的生长过程和生活习性。提到猎鹰的生活地点、飞行速度，成长过程中不同的阶段学习的各种生存技能等内容。

三、考生水平评估及复习方法

参加雅思考试的考生因为基础不同，备考时间长短不一，在提高应试能力方面采取的复习方法也不同。在这里对考生的总体水平做一个分析，以便帮助考生了解自己的实际水平，在复习时能够对症下药、有的放矢地复习功课。考生的水平参差不齐的现象在听力部分表现得最为突出，根据对词汇量的掌握，对句型、句式的运用以及对文章理解能力的估测，将考生大致分为三个水平段。

1. 初级水平

中学毕业生或原本基础薄弱又毕业多年、工作中少有机会使用英语的考生。这类考生掌握的词汇量较少，约 2000 日常基础词汇左右，句型单一，对文章内容的理解有一定的困难。

建议：暂时先不要急于做典型试题，先从基础训练开始做起。熟悉具体的场景和词汇，如日常的生活、工作、教育场景等具体的内容。由浅入深地恢复语感、逐步深入地理解题目和文章。这类考生可以从第三章的场景介绍和典型的特征描述入手，先掌握日常情景对话中的惯用词汇和句式，以便在实际考试中顺利地抓住基础分数。在有了一定的基础后进入第二章，进一步熟悉各类题型的解题方法和技巧。最后以第六章的典型试题为例反复练习做题技巧。

2. 中级水平

通过四、六级考试或者参加过托福考试取得相当于雅思 6 分成绩的考生。

这类考生掌握相当的词汇量、能够熟练地运用一些基础句式，对英语国家日常生活场景乃至文化历史背景都有一定的了解。但是对雅思考试听力部分灵活多变的题型不熟悉，从而导致在听懂文章内容的情况下依然会失分。

建议：考生要以熟悉题型和解题技巧为主，具体场景介绍和典型特征描述为辅。把第二章做为复习要点，反复练习各类题型的解题技巧。其次，了解第三章场景介绍和第四章典型特征描述的内容，避免在简单的情景对话中失分。最后通过第六章的典型试题加强综合应变能力。

3. 高级水平

在海外生活、工作过相当长时间，在其他国际语言水平测试中取得好成绩的考生，这类考生对日常的生活场景尤为熟悉，对长篇文章的结构和内容也有相当的了解。熟悉适应雅思考试多样化的题型和国际化的语音，加强对专业化叙述性文章的理解是复习工作的重点。

建议：可以以第二章的题型分析及解题技巧和第六章的典型题型为重点。在听懂文章内容的情况下，通过熟悉题型提高命中率。

无论是哪个水平段的考生在练习听力时除了多做模拟题外，还可以选择适合自己水平的有声资料反复仔细听。熟悉英语语音、培养语感、了解西方生活场景、增加英语国家文化背景知识，提高对英语语音的快速反应和记忆信息的能力。在多方面练习后，在考试前应该再回到模拟题上来，巩固熟悉的题型模式和文章内容。在系统地复习后，只要临场发挥正常基本上能够取得理想的成绩。

四、听力考试的评分标准

听力考试的评分标准是以做对题目的数量为依据。总分为 9 分，允许出现半分即 6.5 ,7.5 ,8.5。中国考生普遍的成绩在 4 至 6 分之间。目前的分值随着考生的日益成熟，呈缓步上升的趋势。

雅思评分标准

0 - 16

You are highly unlikely to get an acceptable score under examination conditions and we recommend that you spend a lot of time improving your English before you take IELTS.

17 - 24

You may get an acceptable score under examination conditions but we recommend that you think about having more practice or lessons before you take IELTS.

25 - 40

You are likely to get an acceptable score under examination conditions but remember that different institutions will find different scores acceptable.

分　　数	正确题数	分　　数	正确题数
1	1	6	25 - 32
2	2 - 3	7	33 - 37
3	4 - 9	8	38 - 39
4	10 - 16	9	40
5	17 - 24		

www.IELTS.com.cn

第二章 雅思听力考试应试策略

第二章　雅思听力考试应试策略

一、听力考试版本号码的规律及出题特点

作为一项国际语言水平测试，雅思考试有自己独特的出题原则。其中一项出题原则就是题目的循环性。即一套题目会在一定的时间段内在不同地区反复出现，听力部分尤其明显。曾经每一套题目都有一个独立的、也是唯一的版本号码，同一个版本号码的题目内容是一致的，也就是说，无论考生在哪里参加考试，只要遇到相同的版本号码，考试内容都是一样的。普遍流传的一种说法就是，版本号码的数字越大，代表题目内容越难。这就使考生误以为版本号码决定着题目的难易程度，版本号码越大越难做。其实，这是一个误区，版本号码只是一个编号，一般来讲，新出的题目序号排在后面数字自然会大一些，和考试内容并无直接联系。所以考生不必谈到版本号码就色变，从而认定第一次出现的新题就是难题。例如在 2002 年 1 月 19 日武汉、大连等出现的版本号码为 35 的考题是新增加的题目，以前在中国考区从没有出现过，但是考生的成绩要比 2001 年 12 月 15 日版本号码是 29 的考题理想，从考生的角度看，反应也不如对 29 版本激烈。所以版本号码的高低并不直接影响考试内容。此外，雅思听力考试实际上是对真实能力的一个考察，想仅凭背背参考答案和关键词就通过考试的可能性不是很大，它要求考生要熟练掌握各种题型、口音和对听力内容作出快速准确的反应。**特别值得注意**的是从 2002 年开始，试卷上接连不断地出现新的版本号码。在这些新的版本号码中有的题目是新出现的题目，有的是重复过去考过的旧题目。目的显而易见，是为了杜绝考生事先背诵相关的答案。所以，考生要注重能力的提高，不要把所有的希望寄托在不断变化的版本号码上。

与其它几大知名国际考试不同，雅思听力考试对考生的实际语言使用能力有一定的要求，即在英语国家或以英语为工作语言的环境下语言应用能力的测试。即围

绕**工作**、**教育**、**生活**三大场景，在题型和内容的选择上具有以下几个主要特点。

1.题型的多样化

雅思听力部分的题型有别于其它国际语言考试中流行的以单项选择题为主的标准化题型，呈现出多样化的特征。**主要包括图表题、填空题、短问题回答、完成句子、图表标签题、正误判断题、匹配题和选择题八类题型**，题目的选项可能是以文字的形式也可能是以图形、图表的形式出现。其中在实际考试中占有较大比重的填空题、短问题回答、完成句子、图表标签题等题型要求考生在听磁带的过程中从文章里快速找到相应的答案并按规定书写正确，这就造成一个尴尬的状况，考生常常可以在磁带中听到答案但是由于没能及时记录下来或是拼写出现错误从而得不到分数。而中国考生烂熟于心的单项选择题的数量则有限，即便出现也要求考生在了解文章大意的情况下，对文章内容总结概括后才能选出正确的选项。雅思的听力考试，以文章为单位，不为考生读出题目序号，考生要在连续听过大段背景嘈杂或内容复杂的长篇文章的同时还要快速地确定答案并书写正确，这在很大程度上增加了答题的难度。

2.语音的国际化

雅思听力部分的另一主要特征就是其语音国际化的趋势。因为英语作为国际化的工作语言广泛地被运用在各个行业和领域之中。所以朗读者的口音以英音、澳音、美音为主的同时，也允许夹杂各个地方口音的英语出现，在很大程度上突出了英语作为国际通用语言的多样性。在考试中，考生不仅能够听到纯正的英音、流畅的美音、特别的澳音，还有来自不同国家，不同文化背景下，不同年龄阶段，不同职业背景，不同身份的人士所讲的夹杂着不同口音的“方言式英语”。如日本人讲的日式英语、印度人讲的印度式英语、阿拉伯人讲的中东式英语、德国人、法国人讲的欧式英语等。语音的国际化丰富了考试的内容也给考生的听力理解相应地增加了难度。

3.内容的普及化

内容的普及化是听力考试的又一显著特征。考试内容由早期的日常生活介绍逐步扩展到生活的各个层面，从英语国家的社会生活到普及性的科学知识，从关于日常生活的对话到以科学教育为核心的专题讲座，内容包罗万象。

不仅要求考生掌握基础的生活常识，还要对西方社会的风土人情、社会风俗、政治经济状况甚至人文历史背景要有相当的了解。考试的内容远远超出了对语言水平的单纯测试，更加突出强调了语言的实用性。

4. 典型场景和特征描述

熟悉具体场景是考生提高听力部分做题正确率的一个重要环节。实际考试中考生做不对题目并非完全是词汇量和语音的问题，对英语国家日常的生活场景的不了解造成了基础交流的困难，使得考生在基本能够掌握文章概要的情况下，不能正确理解文章内容和快速做对答案。如果熟悉典型的场景并且能够抓住其显要特征描述，就能够很快找到对应的答案。其中以校园场景、科普知识介绍场景、人文历史背景、社会活动场景、日常生活场景、工作场景等反映实际生活状况的场景为主要内容。同时，特征描述则构成了雅思考试听力部分的又一特点。其中以人物外貌特征描述、物品特征描述、职业特征描述、地点环境特征描述、事件内容特征描述、校园环境特征描述为主。

二、听力考试的基本解题技巧和出题规律

1. 解题技巧——路标词汇与路标作用

在实际考试中，一个正确答案出现之前，总会有相关的词汇直接或是间接地暗示答案在文章中的位置，我们把这种暗示答案位置的词汇称为**路标词汇**。只要在磁带中确定了相对应的路标词汇的位置，答案就出现在这些词汇附近**不超过三句话的地方**。路标词汇通常是表示具体行为或是内容转移的动词、名词以及表示事实的数词、专有名词、大写的黑体字和出现在试题中的背景文字。尤其是在题目中出现过的路标词汇或是其同义词常常会在文章中出现。**一般情况下，答案会在路标词汇附近出现**。即便错过一道题目，也可以根据后面的路标词汇很快地找到下面的答案，不容易产生同时错过几道题目这样连锁性的失误。

(1)解题步骤

①阅读答题册上的题目，标注出题目中的路标词汇。

②确定路标词汇在磁带中的位置。

③根据路标词汇找到正确答案并快速准确记录答案。

④注意答案出现的前后顺序。在考试中，正常的状况下，答案基本上是根据题目的序号先后，顺序出现的。但不排除偶尔会有前后颠倒的现象，所以一定要听清并确定路标词汇以便及时抓住正确答案。

⑤考生要根据题目的要求填写需要的信息。避免找到答案因为没有看清路标词汇和答案规定书写不正确而失分。

(2)题目类型

①直接问答题目

即题目中的路标词汇和答案直接出现在考生听到的文章和题目中。也就是说，题目中的路标词汇在文章中会被直接提到。这种情况下的路标词汇常常是用来表示具体事实或是内容的数词、专有名词和大写的黑体字。这类词汇在文章中通常无法使用同义词替换，因而较为容易找到相应的位置，从而确定答案，是明显的路标，如表格题中的人物名称、地址、电话号码等大写黑体字都是明显的路标词汇。以下面的题目为例，题目要求根据对话填写相应的信息。

例 1　路标词汇是专有名词

听力原文

Money that was to have been spent on the re - structuring of **Sydney's** road system has been re - allocated to what the Prime Minister described as "a more worthy cause"

题目

This money was to be spent on improving **Sydney's** __________ but has now been **re - allocated**.

根据空格前后的信息可以判断此处需要填写一个名词或是名词性短语。而题目中最为重要的两个词汇就是动词 **re - allocated** 和专有名词 **Sydney's**，不仅暗示答案的词性，更是作为明显的路标出现在原文中，所以，如果能够抓住这两个关键的路标性词汇，就能够准确的找出答案。

例2 路标词汇是题目的出现的关键词

听力原文

The Bachelor of Social Science is in one faculty within the university, that is the faculty where I work known as Arts and Social Sciences.

题目

The speaker works within the Faculty of

A. Science and Technology

B. Arts and Social Sciences

C. Architecture

D. Law

答案 B

这是老师向学生介绍自己工作的部门。显而易见题目中以大写形式出现的 Faculty 一词是明显的路标词汇,这个关键词在听力原文中再次直接被提到,答案就出现在附近。

例3 数字在题目中也是明显的路标。

听力原文

Today's can weighs about **0.48 ounces**: thinner than two pieces of paper.

题目

Each can weighs **0.48 ounces** – thinner than *two pieces of paper*.

显而易见答案 two pieces of paper 就出现在作为路标词汇的数词后面,而这个数词在磁带和题目中均被提到。文章中提到,现今的可乐罐子重约 0.48 盎司,比两张纸还要薄。

②间接问答题目

即考生不能一目了然地在题目和文章中找到明显的路标词汇和答案,而是要求考生找到与之相对应的同义词或是句型、句式,甚至要求考生对一段文章的内容加以概括后总结出自己的观点。主要包括以下三种形式:**同义词替换、句型句式替换、文章内容的归纳概括**。

(A)同义词替换

同义词替换是间接问答题目中最为常见的一种形式,是指在文章中使用的词汇与题目中出现的路标词汇是同义词。可以根据同义词的位置找到和答案相对应的选项。有时文章中的答案也以同义词的形式出现在选项里。

例 1　动词短语替换

听力原文

We ***owe*** our lives ***to*** the skill of the pilot.

题目

The passengers thanked the *pilot* for saving their lives but unfortunately they lost their musical instrument.

此处考察了同义词短语的替换,文章中的 thank sb. for doing sth. 和题目中的 owe sth. to sb. 都有感谢某人的意思,是较为明显的同义词短语替换。

例 2　名词词组替换

听力原文

So It is great pleasure for me to welcome back Ms Diane Greenbaum who is a ***professional dietician***

题目

The lecture will be given by

A the president of the Union　　B the campus doctor

C a sports celebrity　　D a health expert

在这里 health expert 和 *professional dietician* 是同义词，所以 D 是正确答案。

(B)句型、句式替换

句型、句式替换是听力考试中惯用的手法，是指题目中使用的句型、句式在听力原文中的表达方式有所不同。例如，在听力原文中使用主动语态而在题目中则用被动语态来替换。

例 1 主语、谓语 的位置替换

听力原文

Please read these carefully as meal times cannot be changed

题目

No changes can be made to ***meal times***

例 2 因果关系位置替换

听力原文

You have completed 18 credit points but that you haven't done the Screen Studies, Why is that?

题目

The course coordinator gave me an ***exemption*** because they believed my practical experience fulfilled the same requirements.

在考试中，因果关系的习惯表述方式是先讲结果后分析原因。答案经常出现在结果里，而中国考生通常先分析原因再总结结果，等把原因找到后，发觉答案已经错过了。

例 3 主动语态被动语态位置替换

听力原文

You have to complete a 2000 word essay every month.

题目

A <u>*2000 word essay*</u> should be completed every month.

在汉语中,主动语态使用的频率比较高,而在英语里,人们经常使用被动语态。在听力考试部分,文章与题目中主动语态和被动语态的转换是常考的内容,是考生容易出错的地方。

(C)归纳总结

这类题目是考试的难点,要求考生根据上下文的内容判断答案,很难依据一个短语或是词组判断确切的答案。需要对听到的关键信息加以综合归纳得出结论。

例 1　根据文章内容概括观点.

听力原文

Teacher: ***Attendance*** at lectures is necessary,we expected at least 90% at this university.

Student: 90%, That's high, do they enforce that rule?

Teacher: Yes, we do. We're pretty strict about it actually.

题目

Attendance at lecture is <u>*B*</u>

A optional after 4 pm.　　　　B closely monitored

C difficult to enforce　　　　D sometimes unnecessary

文章中提到学校对学生上课出席率的要求,一方面从数字上证明学校的规定是严格的,另一方面是从老师前后的谈话内容总结归纳出来的。在原文中提到出席率必须达到 90%,此外还强调学校会严格执行这项规定,所以答案显然是 B。如果仅从对话里直接找答案,比较困难,要将上下文的内容联系起来综合概括后才能得出答案,很难根据某个词组的同义词就能确定答案。

例 2 依据内容推断文章隐含的观点

听力原文

The companies are not actually interested in selling you a cheap flight! They're interested in selling the seats and flying aeroplanes that are full.

题目

The airline companies want to __A__

A increase profits B benefit the passenger C sell cheap seats D improve the service

仅从文章的内容里考生不能直接找到和四个选项直接对应的短语或者同义词,必须将完整的句子理解后才能找到隐含的观点。听力原文中提到,航空公司对出售便宜的座位没有兴趣,对航班满员飞行感兴趣。而满员飞行的目的是为了增加利润,所以答案是 A 而不是考生理解的 B。

例 3 依据上下文得出结论

听力原文

A If you want a seat today, then you pay for more for it than if you want it in three weeks' time.

B That seems rather unfair.

A Not really, when you think about it, that's just common sense.

题目

He thinks revenue management is __D__

A interesting B complicated C time-consuming D reasonable

这道题目选自一篇关于价格战略的文章,文章中提到同一种商品在不同的时段可以卖出不同价格的观点。对话中的 A 以机票为例,分析同样一张机票在当天购买的价格要比事先预订的价格要贵。而 B 则认为这种现象不合理,A 的

IELTS 环球雅思 .com.cn

结论是 common sense，意思是这是常识，常识一般都是合情合理的，所以 D 是正确答案。单从短语的意思是无法准确地判断出正确的信息，必须依据上下文才能得出正确答案。

2. 出题规律

在听力部分的四篇文章中总有两部分是以情景对话的形式出现而其余的两段则是陈述性文章。在听力考试中要求考生在 30 分钟内听完四段完整的文章，一般来讲，第一和第三部分是对话，第二、第四部分是叙述性文章。虽然都是听力考试，因为文章体裁不同，解题方法也有所不同。

(1)对话

听力部分的对话以情景对话为主，即在某个特定环境下的对话，如邮局、火车站、飞机场、图书馆等公共场合。既包括发生在两人之间关于日常生活的简单对话，又有三人、四人之间甚至多人之间的长篇对话。在聆听对话段落时首先要辨明人物身份和具体场景，根据人物身份和所处的场合推断对话内容和答案。

第一部分的对话，经常是发生在两个人之间的日常生活对话，场景相对较为单一，人物身份明确。通常以发生在日常生活中的活动为背景，营造一个简单对话。如住宿咨询、预订就餐餐厅、求医看病、家庭介绍、申办证件等。这一部分的题目中暗示答案的路标词汇较为明显，基本上都是题目中使用过的词汇，答案也以日常使用的词汇为主。

Passage 1

<table>
<tr><th>题目</th><th>词汇及短语</th></tr>
<tr><td>Complete the table
<table><tr><td>Symptoms</td><td>(1)</td></tr><tr><td>Medicine</td><td>(2)</td></tr><tr><td>Suggestion</td><td>(3)</td></tr></table>
答案(1)Sore throat (2) Aspirin (3) Stay home/stay indoors</td><td>symptom
症状，征兆

sore throat
喉咙痛

aspirin</td></tr>
</table>

续表

解题分析 ☆从题目中所给的已知信息 symptom, medicine, suggestion 中可以预测这是一篇关于医疗看病的段落。涉及的内容有患者的症状、使用的药物和医生的建议这三大内容。考生应该注意在听力原文中寻找和这三项内容有关的信息。同时,根据听力原文中提到的 sore throat, give me a prescription, medicine, aspirin, achy, flu 等词,可以推断对话往往是发生在病人和医生之间的,病人向医生询问治疗流感的办法。如果场景熟悉,抓住主要线索,后面的答案就很容易找到。 **听力原文** A: I have a terrible sore throat, it's really bad now, I woke up with it every night? B: The best thing you can do is to stay home. It is best to stay away from other people. A: Do you think I should stay in bed and rest? B: it's not necessary to stay in bed, just as long as you stay indoors. A: Are you going to give me a prescription? B: I am afraid there's really no medicine for the flu. Medicine won't really do any good. A: How about aspirin for achiness? B: Take one or two aspirin when you feel achy, but not more than once every four hours.	阿斯匹林(解热镇痛药) prescription 指示,规定,命令,处方,药方 flu 流感 ache 疼痛 觉得疼痛 not more than 至多

出现在 Section 3 中的对话往往是关于具体事件调查或是某个领域的专题讨论,可能是两个人之间的对话,也可能是多人对话。与第一部分相比,场景相对复杂,内容丰富,话题广泛,经常是对某一个话题的具体讨论。包括热点事件介绍、学生学业讨论、新闻访谈等内容。

Passage 2

题目

Complete the notes below:

1, How many years did he study in Medical School? ________

2, What is his daily routine? ________

3, What does he usually do when on duty? ________

答案(1)Six (2)To deal with the usual sorts of illnesses children get (3)make his rounds at Mercy Hospital

解题分析

在聆听对话的片段时,不仅要注意回答的内容,更要留意问题。因为暗示答案在磁带中位置的路标词汇往往出现在问题当中。例如,从第一道题目中提到的 How many years 中,考生可以断定答案和数字相关。在听力原文中,医生提到在 university 需要学习四年,此后在 Medical School 要学习六年,本身题目中直接提到 Medical School,这就给选择的答案限定了范围,所以在文章中提到的四年和六年两个答案中选择六年。在第二道题目中,题目中的路标词汇 daily routine 直接被提到,听力原文中提到 what is your daily routine? 后面就是答案。第三道题目中,听力原文中虽然问的是 do you spend time at the hospital 但根据上下文可以清楚地了解到,实际上问的是医生上班时的工作内容。题目和答案较为隐蔽,需要考生根据回答的内容概括具体的答案。

听力原文

Interviewer: Yes, now, we're talking about training for your job.

Doctor: Well, it requires many years of study: four years at university, followed by, in my case, six years in medical school. But in the case

词汇及短语

neurosurgeon 神经外科医生

go through 经历,经受

glory 荣誉,光荣

routine 例行公事,常规,日常事务,程序

make one's rounds 巡视

operation 运转,操作,实施,作用业务,工作,手术,军事行动

on duty 值班,上班

续表

of some, some people in the profession, uh, such as neurosurgeons, well, let's see, around ten years after college. Interviewer: It sounds very tough to be in school until your late twenties or early thirties. Doctor: It is, believe me. I don't think the average person understands what we go through. They think it's, uh, all glory. Interviewer: Yes, well, what is your daily routine? Doctor: Well, most of the day I spend at the office with the usual sorts of illnesses children get - colds, the flu, hmm - check - ups for school, that sort of thing. Interviewer: But do you spend time at the hospital? Doctor: Oh, yes. I do that first thing in the morning. I make my rounds at Mercy Hospital. That's where I send my patients. And sometimes I return in the afternoon, for example, if one of my patients has an operation in the morning. Interviewer: And do you perform operations yourself? Doctor: No, um, that's a surgeon's job. I . . . but I must be there in the case of children . . . um . . . to check on progress, cheer them up, talk to parents. You know. Interviewer: Yes, I do.	surgeon 外科医生 go through. 经历、经受 cheer up 使振奋,感到振奋

(2)叙述性文章

叙述性文章分为**普通介绍性叙述**文章和**学术专题性**叙述文章两类,通常是以独白和讲座的形式出现,都是对事件、特定场景或者某个论题进行的具体介绍和描述。文章层次清晰,观点明确,部分答案可以从文章中直接找到,其余的则需要考生对上下文所给的信息加以概括总结后才能得出答案。

文章基本结构如下：

开门见山提出主题；

在文章的开始，甚至是文章的第一句话直接切入主题，或是通过举例说明提出主题。

概况介绍；

对所要论述的内容做一个简要的概括介绍，提出分论点。

分类详细说明；

逐一对分论点进行详细说明和分析，包括论点和事例。

总结。

对整篇文章进行总结，加以概括。

在叙述性文章中提出观点经常使用的句型：

I'd like to tell /talk/explore/discuss ____ ____

I'd like to point out ____ ____

I am going to talk about ____ ____

I think I should start by ____ ____

I intend to give you an overview of ____ ____

Let's get straight down to business. ____ ____

Let's have a look at ____ ____

Would you please give us a quick run down on ____ ____

Now the purpose of ____ ____

Today's topic in our series of lecture ____ ____

①普通介绍性叙述文章

普通介绍性叙述文章，以介绍日常生活和工作教育为背景，简要的介绍生活常识、日常规定、简明新闻等内容。文章篇幅相对短小，信息清晰，答案和路标词汇的重复率不高而且联系紧密。有时甚至会在一句话中出现两个答案，即便听懂了也不一定写得下来，或是写得准确，会给考生应接不暇的感觉。

Passage 3

题目	词汇及短语
Complete the notes below: 1, How many people watched the blastoff of Apollo 11 on television? 2, Was the blastoff televised only in the United States? 3, What are some of the things that might have gone wrong during the trip to and from the moon? 4, What is the first man say when he touched the surface of the moon? **答案** 1, a half billion people 2, in 49 countries 3, could astronauts return to earth 4, That's one small step for a man, one giant leap for mankind." **解题分析:** ◇ 文章介绍了美国登月的报道。题目中的路标词汇相对明显。部分答案需要考生在文章中自己概括。 ◇ 从第 1 和 2 题中,可以看出答案可能和数字有关,要以听具体的数据为主。 ◇ 第 3 和 4 题显然要求填写文字内容。题目中的 things that might have gone wrong 和 What is the first man say 为最后的答案规定了具体范围而且是明确的路标词汇。答案就出现在后面。第 3 题中,在听力原文中提到不止一种可能发生的意外,考生选择其中任意一项作为答案即可。	astronaut 太空人,宇航员 rocket 火箭飞速上升 destination 目的地 tremendous 极大的,巨大的 achievement 成就,功绩 blastoff 升空,发射 cautiously 慎重 giant 巨人,大力士,巨大的动物或植物,伟人,天才,庞大的,巨大的 leap 跳,跳越,跳跃 跳跃,飞跃 countdown 倒数计秒

续表

听力原文	orbit 沿轨道飞行 lunar 月亮的 desolate 荒凉的
On July 20, 1969, at least a half billion people in 49 countries kept their eyes fixed on television screens. Three American astronauts were waiting in a spaceship, Apollo 11, sitting on top of a rocket that was 36 stories high. Their destination: the moon. All those who were watching knew that the landing of men on the moon would be tremendous achievement. They knew also that something might go wrong at any time. When the men got to the moon, would they be able to land? Would the surface be smooth enough? Would it be strong enough to hold them? Would they be able to walk around on the moon? If so, what would they find there? And would the rockets on the spaceship fire so that the astronauts could return to earth? The final countdown came. Five-four-three-two-one fire rockets! The three astronauts blasted off into outer space on one of the most exciting adventures in history. Just 76 hours after they had left the earth's surface, they were orbiting the moon. A short time later two of the astronauts left their spaceship in a lunar landing craft and prepared to land on the desolate surface of the moon. While millions of anxious people back on earth watched on television, the first astronaut cautiously climbed out of the landing craft. He said," That's one small step for a man, one giant leap for mankind." At last man was walking on the moon.	

② 第二类是学术专题性叙述文章。

这类文章虽然依然以叙述介绍为主,但都是围绕着某个专题发表意见或是建议,谈论观点。文章内容包括讲座的片段、小型学术讨论会的介绍、专业领域研究成果的评论。文章段落层次分明,观点明确,篇幅较长,信息丰富。长篇的段落虽然信息较多内容相对比较专业化,但是文章层次比较分明。往往开门见山的在文章第一段甚至文章的第一句话提出主题,其次就是分段说明,每段都有独立的主题句和对主题句进行分析的例证,题目就是围绕这些内容来考察考生对文章的理解程度。

Passage 4

题目

Write a summary of passage by following the guidelines given below.

Today food is transported by planes, __1__, __2__ and __3__. Planes are especially useful in __4__ to people and animals that could not be reached otherwise. But there is a disadvantage in using planes: air transportation is __5__. Trucks have many advantages. One of them is __6__ directly to the market. Trains cannot carry food as quickly as trucks, because the food must be __7__ from the freight cars onto trucks. However, railroad companies have developed a plan to move perishable foods faster. Refrigerated __8__.

Some perishable foods can be transported by ship. But some foods——for example, __9__ do not need refrigeration. Transportation by water is __10__.

答案 (1)trucks (2)trains (3)ships (4) carrying food (5) expensive (6) to deliver food (7) unloaded (8) trailers (9) grains/wheat/corn/rice (10) cheap.

解题分析

◇ 本文介绍了日常生活中常见的飞机、火车、汽车、轮船等交通运输工具。在听原文时要注意交通工具的名称、各自的特点、适用的场合以及运送的物品。例如,提到飞机时,讲到飞机的特点是快速便捷,尤其适用在 flood 或是 earthquake 发生的状况下运送物品,但缺点是价格昂贵。其它的交通工具也是按照这样的内容逐一介绍。只要抓住交通工具的名称和主要特征即可。

听力原文

An Indian boy ran swiftly from a village in Mexico. In his hand he carried a basket of fish. Only a few moments before, the fish had been pulled from the cold waters of the lake. Farther on, another runner was waiting to take the basket from the tired boy and to race on. And so from one swift runner to another, fresh fish were rushed from the lake to the dinner table of Montezuma, ruler of the Aztecs.

Speed is important in transporting fish and many other fresh foods. Foods that spoil easily must reach the market and the dinner table as quickly as possible. But now planes, trucks, trains, and ships have replaced runners.

Planes are the fastest way to transport food. They are especially useful in carrying food to people and animals that could not be reached otherwise. Suppose there were a flood or an earthquake and the people could not be reached by trains or trucks. Unless packages of food could be dropped from planes, the people might starve. But there is a disadvantage in using planes: air transportation is usually the most expensive way of carrying food. And so within a country most perishable foods – foods that spoil easily – are transported by trucks and trains.

Trucks have many advantages. A truck can start as soon as it is loaded, and it can deliver goods directly to the market. Many modern trucks have their own refrigeration systems. Today the tank truck that carries milk is a familiar sight on many country roads. The modern dairy farmer makes use of tank trucks that keep the milk fresh until it is delivered to stores and homes.

Trains cannot always carry food as quickly as trucks. Many freight cars must be loaded before a train can start on a trip. And when the freight train arrives in the city, the food must be unloaded from the cars onto trucks to be taken to the market. All of this takes time. When railroad companies wanted to move perishable foods faster, they developed a plan that works like this: refrigerated trailers are put on flat – cars that run on the rails. When the train arrives in the city, the trailers are unloaded and attached to trucks. Some companies now have truck and freight – car combinations.

Some perishable foods can be transported by refrigerator ships. Bananas can be shipped in this way. They are loaded in the refrigerated hold of the ship while they are still green. The cool temperatures keep the bananas from getting ripe during the trip. As the green bananas are loaded, a man watches carefully for signs of yellow on them. If even one ripe banana is loaded, a whole shipload of fruit might be spoiled.

But not all food needs to be moved as quickly or as carefully as perishable fresh food. Grains like wheat, corn, and rice can make a slower trip without danger of spoiling. Transportation by water is usually a cheap way of sending such foods. Towboats that push long strings of barges loaded with grain move up and down rivers and along the coasts.

Trucks, trains, planes, and refrigerator ships are modern ways of transporting food. But a great deal of food is still carried on the heads of women and on the backs of animals. In many countries, women carry food to market on their heads. High in the Andes Mountains long lines of llamas, each with a heavy bag of grain, pick their way along rocky trails. Over the desert sands, camels carry load of salt, dates, and cheese from one oasis to another. An in a lonely bay a fisherman still rows home with the day's catch.

生词和短语

1. spoil 损坏，搞糟，宠坏，溺爱，扰乱　2. perishable 容易腐烂的　3. deliver 递送，陈述，释放，发表(一篇演说等)　4. starve 使饿死，饿得要死　5. trailer 拖车，乘拖车式活动房屋旅行，用拖车载运　6. farther 更远处，在后面　7. hold 货舱　8. barge 驳船　9. date 枣椰子　10. oasis 沙漠中绿洲　11. make use of 利用

三、考生常见问题分析及应对策略

1. 问题分析

雅思考试听力部分要求考生在规定的时间内边听文章，边阅读题目并在庞杂的信息中确定答案，然后准确地记录答案。是考察考生对语音信息的接受理解能力的综合性考察，并非单纯的对文字信息的掌握。考生经常是注意聆听磁带里文章的内容，就来不及做题，一旦专心做题，就跟不上文章内容或是继续预读后面的题目，常常顾此失彼，应接不暇。而且听力部分是四部分中最为被动

的一项科目,不能像其它几部分有一个自我调节适应的过程。在听力考试中只要磁带中的文章开始朗读,不论考生处于怎样的状态,都要开始聆听并捕捉磁带中内容。由于磁带只播放一遍,考生必须对一次性的语音信息而非中国考生熟悉的文字信息做出快速明确的反应。这就需要考生要熟悉和适应听力考试的模式。即下列的模式:语音信息 (单词发音/字音)——文字信息(具体词义/字义)——文字符号(文字拼写/字形)而不是中国考生惯常接受的考试模式是:文字符号(字形/文字拼写)——文字信息(字义/具体词义)——语音信息(字音/单词发音)

(1)文字信息转换为语音信息

中国考生最为熟悉的信息莫过于文字信息,习惯于先看到字形即单词拼写的形式,然后反应的是具体词义,就是这个词到底是什么意思,最后考虑的才是字音也就是说单词发音,这个词到底怎样读,所以考生对有大量文字信息的阅读和写作考试倍感亲切。而听力部分所考察的文章无论从内容的广泛性到题型多样性甚至长度都与阅读近似,但却要求考生先对语音信息做出反应。其次是具体词义,根据磁带中的读音判断词义,推断文章内容,最后才是将答案以文字的方式快速正确地拼写出来,即在七、八分钟内根据磁带播放的内容听懂一篇文章后,做出正确的判断并快速书写答案。这就使中国考生难以适应,不知从何下手,常常是刚刚听到一个答案还没来得及记下来,答案就过去了,或是勉强记下一条信息却错过后面几个答案。这主要是由于考生不能及时地将语音信息转换成文字信息,由于发音不准确,题目中读到的路标性单词和读音衔接不上,甚至只认识单词但不会发音,造成即使听到清晰准确的发音也不能对号入座,及时应对。同时,又因为对文章中提到的场景和内容不熟悉,导致听到的正确答案没有抓住。

(2)捕捉磁带中关键的语音信息正确判断答案

在熟悉了语音信息后,还需要对听到的信息加以分析辨认,取舍得当,排除干扰信息,通过题目中出现的路标性词汇确定与答案相关的关键信息。因为在一个答案出现之前,会有许多相关信息以直接或者间接的形式暗示答案的出现,这些词汇都会出现在题目中和文章中靠近答案的位置。

(3)适应语音多样化

大多数的考生对于美式英语的发音耳熟能详,而雅思听力考试的内容以英式英语为主,还允许带有各种口音的“方言式英语”出现。同时,听力内容主要以情景对话为重要内容，势必要求考生要适应不同场景下不同身份人士讲的各种语音的英语。因此适应语音的多样化是考生必须解决的问题。

2. 应对策略

在实际考试中，考生一般都能够听到80%的文章内容，而真正理解的内容有50%就很不错了，在依据题目要求将指定的答案快速地记录下来，正确率也就只有30%。主要是由于对考试的内容和题型不熟悉，要么考生听到的句子，题目里没有考，要么是考到段落恰恰又没有听到。最尴尬的状况就是听懂了，也找到答案了，但又没有写对或是答案的书写不合规定，就是拿不到分数。

(1)纠正适应不同口音的英文

雅思考试听力部分的语音主要以英音、澳音为主，并允许非英语国家人士所讲的带有不同口音的地域性极强的非标准化英语出现，如日式英语、印度式英语、中东式英语等。这就给考生理解文章、辨别答案增加了困难。发音问题是考生在听力部分遇到的最为普遍也是比较容易解决的问题。只要通过反复练习，熟悉口音即可。

(2)积累巩固词汇量

通常来讲，考生容易将听不懂的原因归咎为词汇量太小的缘故。雅思考试听力部分以生活场景、教育背景和工作经历为主，所谈及的内容和日常生活息息相关，使用词汇的特点就是非常的生活化，日常化。构成雅思考试听力文章内容专业化，但是题目答案则生活化的特征。尤其是在第三、第四部分，文章段落比较长、内容比较专业化的情况下，题目的答案相对简单。经常使用的主要词汇约3000左右，但是要求考生能够准确地辨别发音并且拼写正确。而中国考生担心的专有名词在实际考试中不作为考点考核的具体内容。

(3)快速理解文章内容

在正式考试中，考生经常遇到的一个非常棘手的问题就是文章中的每一个单词都能够听得一清二楚，语速不快、发音清晰没有口音，没有生词，甚至没有惯用语，但就是不明白完整的句子是什么意思，或者是理解的句子含义与实际意义有出入甚至是南辕北辙，从而导致做题目时判断错误。这是由于考生对句型、句式和文章内容的理解有偏差，属于阅读问题。另一种情况，虽然相关信息全部“听到”而不是“听懂”，但来不及反应具体含义，文章就已经结束了。这里“听到”和“听懂”完全是两个概念，“听到”主要是指考生对语音信息的及时反应,也就是说,能够辨别这个单词的读音,但未必了解具体词义,更不用说理解整个句子甚至完整文章的内容了。而“听懂”则是在准确反应语音信息时还能够迅速理解其在句子乃至文章中的具体含义。所以很多考生很困惑,明明听懂的文章为什么做不对题目甚至不知道怎样做。事实上,考生只是“听到”了某些相关的信息但并没有全部理解,也就是说没有考生自己期望的那样“听懂”。更不用说,要根据理解的文章内容去答题了,尤其是像短问题回答这样概括性较强的题目,这是目前在听力考试中比较影响中国考生成绩的问题。

(4)适应题型多样化

对于习惯了以选择题为主要内容的标准化考试的中国考生来讲,题型多样化是困扰考生的一个问题。经常听到考生抱怨说文章的内容基本上都能听懂,但是一开始做题就抓不到要点或是不知如何选择正确答案。或是在文章播放过半后,才看懂题目的要求,从而错过选择答案,这主要是由于对题型不熟悉。即使是在普遍熟悉的选择题中,考生往往从答案到干扰信息全部听到,因而难以作答。同时,听力部分要求考生将答案以文字的形式及时地记录下来,这就导致另一种情况的发生,即听懂了也写不下来,或是写不正确。如果是短问题回答的题型,要求在听懂的基础上,进行归纳概括就更加困难。即使预读题目的时候,也不知道怎样预测即将听到的文章内容,不同的文章段落出题的方式也不一样,导致考生经常会顾此失彼,所以熟悉多样化的题型至关重要。

(5)熟悉日常场景

对自己熟悉的场景和内容人们的反应总是很敏捷而且容易记住正确的信息。由于场景不熟悉,造成对听力文章内容理解的偏差,或是听到但是记不住答案的现象。听力考试对话部分基本上是以生活场景为背景,要求考生对西方的社会经济文化生活有一定的了解,例如较为典型的校园场景中的课程讨论、生活场景中的失窃报案、工作场景中的招聘面试等。考生在听录音时或多或少都有些模糊的概念,虽然有种似曾相识的感觉,但来不及反应文章就已经结束了。如果场景熟悉,考生就很容易根据了解的内容轻松地找到正确答案。所以加强熟悉典型的实际场景非常重要。

四、考生失误的常见问题及解题原则

1.失误的常见问题

(1)读题时间不够,不能充分地阅读题目并及时地预测文章的内容。在每段文章开始之前都有 30 秒钟供考生阅读题目，有些考生由于题型不熟悉、场景不了解，从而导致读题速度缓慢。在考试开始后，依然在阅读题目因而耽误了聆听文章的内容。经常是阅读题目时来不及听文章，而听文章的时候，顾不上记录答案，从而顾此失彼。

(2)不能快速准确地记录答案，尤其是在填空题、图表题、完成句子等要求书写单词的题型时，困难较大。通常是听懂了文章内容也不容易找到相应的答案，或是由于书写的答案不符和规定或是拼写不正确，导致中国考生在这几类题型中，拿不到基础的分数。

(3)没有听清题目序号，错过答案甚至整个段落或是漏题目。经常有考生因为没有看清题目的序号抄错答案。例如，要么将单项选择题当成多选题，造成答案错位，要么漏做了规定的题目，影响了成绩。

(4)没能及时抄写答案。供考生抄写答案的 10 分钟时间没有预想的那样长，所以很多考生边抄写答案，边思考问题，在考官收答题册时尚未誊写完答案。或者发生错抄答案的现象。

2. 听力考试的解题原则

(1)瞻前不顾后

雅思听力考试中，磁带只播放一遍，不朗读题目序号，在规定的 30 秒钟的读题时间里，考生往往读不完题目，或者读完题目记不住内容。所以要边读题目边划暗示答案的路标词汇，这些路标词汇是推测答案的重要依据。根据预读的考题题型、推测的文章内容来预测答案。在听力考试过程中，要求考生边听边记录答案，有时会出现听到答案来不及记录的情况。这种状况下，不要回头寻找错过的答案，跟着磁带继续解答后面的题目以免错过更多的内容。

(2)主动预测答案

听力考试是以文章段落为单位，也就是说，考察考生对整篇文章内容的把握或是具体场景的理解而非仅仅对单一的句子的理解。考生可以以题目为线索，通过阅读理解题目，对即将听到的内容有个大概的了解，甚至可以推测出部分答案内容。这样，在磁带开始播放时就可以有的放矢地去寻找并确认答案。考试中，有时候一句话中会出现两个甚至多个答案，所以考生在听磁带的时候，不要只读一道题目。最好主动将前后两道题目都浏览一下，以免错过题目或是漏听重要信息。

(3)善做标记

在听磁带的过程中,尤其是长篇段落时,信息比较多,常常使考生应接不暇。有时由于没有及时做笔记从而错过听到的重要信息甚至是答案。考生可以采取自己熟悉的方式或标记,快速准确地记录题目选项中的重要信息或是磁带中出现的正确答案。

(4)查漏补缺

在文章段落播放完毕后,额外还有十分钟供考生抄写答案。在抄写答案的过程中,注意不要抄错行,也不要留有空格。即使是没有听到的答案,依据上下文和题目中的路标词汇也能推断出个结果。

五、雅思考试听力部分考场常规规定及注意事项

1. 按照规定在考官的指导下填写个人姓名、证件号码、考场代码及相关的考试信息。如有任何问题请与考官直接联系,不要擅自向其他考生咨询,以免给考官造成误会,失去考试机会。

2. 检查测试耳机有无故障。如是否出现杂音、噪音,或是接触不良等现象。如果发生以上问题请及时与考官协商解决,避免考试中不必要的困难和麻烦。

3. 考试全部使用铅笔答卷,准备好应试使用的铅笔和橡皮。

4. 考试开始后注意聆听例题,雅思听力考试的例题只读一遍,是摘自考试文章中的内容。注意例题和考试文章之间的衔接,以免在文章开始后错过考试内容。

5. 抓紧时间仔细阅读题目,注意题目的序号,避免漏题或是错过答案。

6. 考试过程中在答题册上清晰快速地记录答案。

7. 准确快速地誊写答案,注意不要抄错行。

第三章 雅思听力考试部分典型题型分析及解题技巧

www.IELTS.com.cn

第三章 雅思听力考试部分典型题型分析及解题技巧

一、题型分析及解题思路

1. 填表题(Chart/Table Completion)

填表题是听力考试中比较常见的题型,根据内容可以分为**应用表格题、分类信息表格题、日常生活调查表格题**。多数的内容以日常生活活动为背景,暗示答案位置的路标词汇明显,根据路标词汇容易找到答案。

解题方法:

* 标注出现在题目中的路标词汇。
* 根据题目中出现的路标词汇和表格中提供的背景文字确定所需要填写答案的词性和内容。
* 确定路标词汇和背景文字在磁带中的位置。
* 在路标词汇和背景文字前后寻找答案并记录答案。

(1)应用表格题

应用表格题是指在日常生活中经常遇到的各种实用表格。如应聘工作需要填写的报名表、病人看病的医疗卡、失物招领表、海关的超重行李表、保险通知单、住宿登记表、选课单、入学登记表等;所需要填写的内容涉及到人物姓名、家庭住址、联系电话等相关的私人信息。

Passage 5

题目

John ________(1)			
	Sales Manager		
		(2)________Inc.	
			(3)________ Street
			London, Britain
			Tel:________ (4)
			Fax:________ (5)

答案 (1)Delorian (2)BMW (3)46 Hope (4)485 6311 (5)485 6321

解题分析

这类表格题以介绍个人详细信息为主,答案和题目中出现的路标词汇主要由数字和表示人物名称和具体地点的专有词汇构成。数字和专有名词拼写是考试重点,考生担心的详细地址和人物名称会被朗读者按照逐个字母拼读出来。听力原文中提到的名字 Delorian 被朗读者以 D-E-L-O-R-I-A-N 的形式每个字母逐一拼读出来,这种情况下,拼写不得有误。同时,考生在对话中听到图表中出现过的 **John** ,**Sales Manager**,**Street**,**London**, **Britain**,**Tel**,**Fax** 等背景文字, 这些词汇都是表示具体事实的专有名词,是暗示答案的主要路标词汇,只要在原文中确定这些词汇的位置就可以容易地找到答案。

听力原文

A, May I have that sales mananger's name?

B, Yes, It's John Delorian.

A, What is his surname again?

B, Delorian. D-E-L-O-R-I-A-N

A, And who does he work for?

B, BMW Inc.

A, BMW Inc. Oh, yes, I'll take it down. Now, What is the address?

B, **46** Hope Street, London, Britain

A, Right, **46** Hope Street, London, Britain and by the way, May I have his telephone number, please?

B, Let's see, well, his telephone number is **4856311.**

A, **485** sorry, that was too quick, Can you repeat again?

B, **4856311**

A, **6311**, I got it.

B, Do you want his Fax number?

A, And what is his Fax number?

B, Hold on please, his Fax number is **4856321**

Passage 6

题目

RULE OF THE HOUSE

MEAL TIMES

Breakfast: ________(1)

Lunch: ________(2)

Dinner: ________(3)

Please be on time!!!

Baths

Baths may be taken on Mondays, ____(4)____ and Fridays only between 4:30 and 6:30 in the afternoon.

答案 (1)7:00am—8:30am (2)12:30pm (3)6:30pm (4)Wednesdays

解题分析

◇ 这是一个关于住房规定的通知,在题目中需要考生填写相应的时间。此类表格题目很近似填写个人信息的表格题,路标词汇和答案也以专有名词和数词为主,但内容往往更为详细。句子之间连接紧密,答案和路标词汇接连出现,而且答案和路标词汇的重复率不高,基本只读一遍就过去,考生会感到应接不暇。稍有疏忽就会错过答案。预读题目时可以看出 1 至 3 题需要填写的是数字,第 4 题的空格前后出现的是表示具体时间的单词,所以答案肯定也是表示同样内容的词性。

听力原文

Good morning, welcome to our university, I'd like to tell you about the rule of the house. First of all, the meal times have been listed on your orientation packs, please read these carefully. Breakfast is from7:00am to 8:30am. And then you could have your lunch at 12:30pm, Dinner time starts from 6:30pm. I should mention it again, don't miss the meal times, otherwise, you'll go hungry. Secondly, bathroom is available from 4:30pm to 6:30 pm on Mondays, Wednesdays and Fridays only.

Passage 7

题目

Job Application Form	
Name of Applicant	*Harry* ________(1)
Address	________________ LONDON(2)
Age	________________ (3)
Vacant Seat	____________________ (4)
Salary offered	____________________ (5)
Qualification	____________________(6)

答案 (1)Sallice; (2) W61 Clerkenwell Road;(3)25; (4) Sales Representative; (5) $800; (6) Associate Diploma,One Foreign Language

解题分析

◇ 这是一张工作申请表格。题目中已经标明的背景文字如 Name of Applicant,Address,Age,Salary offered,Qualification 等词汇直接出现在原文当中,是典型的路标词汇,随后就是题目的答案。在这类表格中,题目里的路标词汇非常明显,经常大多数的情况下不会使用同义词而且答案也是以表示事实的数字或是名称为主的内容。所以只需要确定路标词汇在磁带中的位置即可。

听力原文

Student: I'd like to apply for a job as a sales representative?

Personnel Manager: I'll have to get you to fill in an Job Application Form, so that we'll know where you are and how to get in touch with you.

Student: Ok, I see.

Personnel Manager: May I have your name please?

Student: Harry Sallice

Personnel Manager: Harry ,

Student: Sallice, S-A-L-L-I-C-E

Personnel Manager: Our sales representative must be 25 years old.

Student: I am just 25 years old. And what other qualifications do you have?

Personnel Manager: An Associate Diploma with at least one foreign language would be good, you know, some of our clients are foreigners. Moreover, an easygoing and lively personality is a prerequisite for this kind of work. And where do you live, is it far away from here?

Student: W61 CLERKENWELL ROAD, LONDON

Personnel Manager: W64, CLERKENWELL ROAD, LONDON

Student: No, W61,

Personnel Manager：What kind of salary are you expecting?

Student：I heard that this position has its starting salary，and how much is it?

Personnel Manager：800 dollars per month.

Student：It sounds good.

Personnel Manager：It is nice talking with you，we'll call you in ten days

Student：I appreciate your time，bye

词汇和短语

1. apply for 请求，申请　2. fill in 填充，填写，填满　3. qualification 资格，条件，限制，限定，赋予资格　4. client 顾客，客户，委托人　5. lively 活泼的，活跃的，栩栩如生的，真实的　6. prerequisite 先决条件，首要必备的　7. personality 个性，人格，人物，名人　8. get in touch with sb. 与某人取得联系

(2)分类信息表格题

专业分类表格包括图书卡、资料卡、节目单、课程表、菜单、火车飞机时刻表、图书检索目录、食品分类、课外活动日程表等，这类表格的特征是场景单一但是专有词汇出现频率较高，由于专有名词在听力部分不做考点，而本身又是表现具体事实的词汇，所以在题目和听力原文中都是典型的路标性词汇，答案往往在这些词汇的前后出现。在这类表格题中出现的专有名词比较多而且在中文里没有直接的对应词汇，考生经常弄不明白是自己听错了，还是这个专有名词就这样读，因而在犹豫中错过路标词汇和答案。不过，考试中稍显晦涩的专有名词在朗读时都会加以强调或是重复，只要稍加留意就可以找到答案。

Passage 8

题目

This is Dee Dee's Hamburger House. Some of the prices on the menu are missing. The cashier is ringing up the prices of the things people order. Fill in the missing prices.

DEE DEE'S HAMBURGER HOUSE

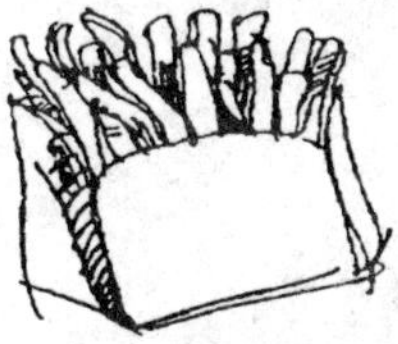

RURGERS		
Dee Dee Burger	1	
Double Dee Dee	2	
Cheese Dee Dee	3	
Chili Dee Dee	1.99	
Double Cheese Dee Dee	4	

SIDE ORDERS	Small	Large
French Fries	5	.89
Onion Rings	.79	6

DRINKS	Small	Medium	Large
Cola	7	.79	.89
Diet cota		.79	8
7－up	.69	9	.89

SHAKES	
Chocolate	10
Vanilla	.89
Strawberry	.89

答案 (1) $0.90 (2) $1.79 (3) $1.79 (4) $2.49 (5) $0.69 (6) $0.99 (7) $0.69 (8) $0.89 (9) $0.79 (10) $0.89

解题分析

◇ 首先要区分菜单中不同食品的名称和确定需要填写的内容。因为这些专有名词既是显著的路标也是容易混淆的干扰信息，稍有不慎就很容易选错答案。如：Cheese Dee Dee、Chili Dee Dee、Double Cheese Dee Dee代表的是不同的食品；还有表示份量大小的 large、small、medium 等限定词。此外还要注意填写的内容是数字还是其它的词性。

◇ 其次，要确定谈话的人数，区别人物的身份。本题是以对话的形式出现的,先后共有三个人,一个是服务生,另外两个是客人。此处,两个客人所点的食物内容不同,所以选择答案时略显混乱。例如:第二位客人所点的 Double Cheese Dee Dee 的价格是第四题的答案,出现在文章的后半部分,如不注意很容易错过。在本段文章中,特别注意物品价格的读法。

听力原文

A, What would you like, Sir?
B, Well, let's start with one of your Dee Dee Burgers.
A, OK, That ' s ninety cents.
B, Two Chili Dee Dees.
A, Three ninety - eight
B, A cheeseburger
A, You want a Cheese Dee Dee or a Double Cheese Dee Dee?
B, Uh just one cheese, please.
A, A Cheese Dee Dee. one seventy - nine.
B, One large order of onion rings.
A, Ninety - nine.
B, And, uh, a small French - fries.
A, One small.
B, That's right.
A, Sixty - nine cents. And would you like anything to drink?
B, Oh yeah, uh, four small colas and a large diet cola.
A, That's four 69 cents colas and an 89 cents diet cola?
B, Yep.
A, OK, that'll be $12.00, Pay now; your order will be ready in a minute.
B, Here you are.
A, Thank you, sir. Who's next?
C, Here, I'll have a Double Dee Dee.

A, That's one seventy－nine.

C, And a Double Cheese.

A, Two forty－nine.

C, A medium 7－up

A, Seventy－nine.

C, And a Chocolate shake.

A, And 89 cents is that all, Miss?

C,Oh, and a medium French fries.

A, No medium, just small and large.

C, Give me a small.

A, Ok that'll be ＄69 and ＄6.6 total —— out of seven—— six,sixty－one; that's sixty－two, three,four, seventy－five,and seven dollars. Enjoy your meal.

(3)日常生活调查表格题

日常生活调查表格题包括社交活动日程表、个人消费状况调查、收入支出调查、家庭状况调查、进出口贸易平衡表、员工分配表格、人口比例状况调查、媒体分类调查、房屋租赁状况调查,外出旅行计划、公园特征比较表等。这类表格题题目中提供的信息相对来讲不会很多,但类别明确且磁带中的信息庞杂。经常是将前后信息反复加以比较,分类说明,最后导致考生混淆答案,难以辨别。考生在做这类题目时应该注意,将同类信息放在一起记录。

Passage 9

题目

Carol and Suzie are roommates. They are looking at advertisements for three different supermarkets. Tableland, Wounderfood, and Jordan's. They are comparing prices for things they need to buy. Check which supermarket is the cheapest for each item on their shopping list. Tick (√) if the information is correct.

	Tableland	Jordan's	Wonderfood
Eggs			
Ice cream			
Bread			
Chicken			
Apples			

答案

	Tableland	Jordan's	Wonderfood
Eggs	✓		
Ice cream	✓		
Bread		✓	
Chicken			✓
Apples			✓

解题分析

◇ 这是一张日常生活消费的调查表，表格中将不同商场中的物品价格进行比较。物品和商场的名称因为表示具体事实而成为不可替代的路标性词汇。因为是分别对某一种商品的价格进行比较，所以一定要注意具体的细节，如商场名称和物品名称的变化。如 Eggs 先后提到多次，但是每一次提到的价格和商场的名称都不同，要注意变化的地方，分别将几次提到的数字相比较就很容易判断出正确答案。本文先提到 Jordan's 的价格很便宜，但后面又提到了在 Tableland 的价格更便宜，所以答案选择 Tableland。同时，几家商场的名称是显著的路标有助于考生辨认答案。如果磁带中已经讲到了 Bread 即便与 Ice cream 有关的内容没有来得及填写，一定要跟着磁带中提到的内容继续往下听以免错过答案。

听力原文

Carol：What are you doing?

Bryan：Just looking through the newspaper. A lot of the things we need are on sale this week.

Carol：Let me see. Oh, yeah, Let's compare some prices. Mmm, eggs look pretty cheap at Jordan's.

Bryan：How much are they?

Carol：The eggs? They are $1.05 a dozen.

Bryan：One －oh － five, huh? Let's see how much they are at Tableland. Oh, they're really cheap at Tableland —— only $0.89 a dozen.

Carol：Eighty－nine cents? Oh, that's cheap. OK, and the ice cream is on sale at Tableland, too. Only $2.5 for half a gallon. That must be the cheapest.

Bryan：Yes, but we don't need ice cream, do we?

Carol：No, I guess we don't.

Bryan：Let's see if anyone has a special on bread. Well, whole wheat's only $0.99 at Jordan's this week. That's about cheapest.

Carol：Yes, I think so, O.K. Now, What else is there? How about chicken? There's a good deal on at Jordan's. Only $0.69 a pound.

Bryan：Oh, that's really good price. It's $ 0.89 at Tableland. Oh, but you know what? It's even cheaper at Wonderfood. It's only $ 0.59 there.

Carol：Fifty－nine cents. Good, Well, we'd better go to Wonderfood, too, Let's see What else is there?

Bryan：Mmm,Aha, Apples are on sale at Tableland and Wonderfood. But I think they are probably cheaper at Wonderfood, only $ 0.59 a pound.

Carol：O.K. What time shall we go shopping?

Bryan：We?！I think it's your turn this week.

词汇和短语

1 on sale 待售的，拍卖的　2 look through. 看穿，审核，浏览，温习

2. **填空题**(Gap Filling)

填空题主要是考察考生对文章概况的理解程度。在磁带中播放一篇完整的文章，在题目中提供的仅仅是文章的概要，而且省略了其中部分关键词汇如名词、动词、数词等。要求考生根据听到的文章内容，将文章概况中的空格部分补充完整。题目中使用的词汇和句式与文章中略有不同，经常出现的是同义词替换，句型句式转化的现象，即文章中和题目中使用不同的句型、句式和词汇来表达一个相同的概念，给考生判断答案增加了难度。

解题方法：

* 阅读题目中的背景文字资料确定路标词汇。
* 预测所需要填写内容的词性。
* 依据上下文确定路标词汇在磁带中的位置。
* 根据路标词汇找到并快速记录答案。

填空题主要考核的内容包括以下三种。

(1)介绍性文章概要

播放一篇介绍性文章，要求考生将文章概要补充完整，以题目形式出现的文章概要所使用的句式和原文略有不同，多是省略句或是倒装句式。文章内容相对较为生活化，简单易懂。

下面是一篇介绍旅游景观的文章。

Passage 10

题目

Complete the notes below

Itinerary —— Day 5

____(1)	Pick up at your hotel.
10:00	Visit, ______ (2), home of every American president since ____(3). See the famous Green Room, Blue Room, and Red Room and the beautiful Rose Garden.
____(4)	Lunch
____(6)	Short visit to the **Smithsonian Institution**, made up of ____(5) museums. Visit the **National Air and Space Museum** to see the Spirit of St. Louis, Gemini IV, and a piece of moon ____(7) brought back from one of the first voyages to the moon.
	Stop at the **Washington Monument**, built in honor of ____(8). At 555 feet 5 inches high, it is the tallest building in Washington. There are ____(9) stairs, but to go to the top take the elevator.
3:00	On to the **Lincoln Memorial**, built in honor of Abraham Lincoln in ____(10). The 19-foot statue is one of the most famous in the
3:45	country.
4:30	Cross the **Potomac River** and visit **Arlington Cemetery**, where ____(11) soldiers and other famous Americans, including JFK and RFK, are buried.
____(12)	Return to hotel.

答案 (1)8:15 (2)the White House (3)1800 (4)12:00 (5)seven (6)1:00 (7)rock (8)George Washington (9)897 (10)1922 (11)sixty thousand (12)6:00 and 7:00

解题分析

◇ 这是一张旅行日程表,考生需要填写相关的数字和一些地点名称。先判断所需要填写内容的词性。如在考察时间、年代和价格等内容时数词就成为考点。预读题目后,在听的过程中考生可以有地放矢的去找自己需要的信息。以本篇文章为例，根据题目内容可以推断 1,4,6,12 题要求填写的时间，第 3 和 10 题要求填写的年代，第 5、9 和 11 题需要填写的数量，答案内容都要求以数字的形式出现，所以考生在听磁带的过程中就要注意记录出现的相关的数字。

◇ 代表地点、人物名称的专有名词是暗示答案的重要标志性词汇，答案往往出现在这些路标词汇的附近，不容易错过。例如题目中出现的 Smithsonian Institution, National Air and Space Museum, Washington Monument, Lincoln Memorial, Potomac River, Arlington Cemetery 等地点名称在磁带中顺序提到，答案明显易辨。

◇ 根据生活常识或是文史知识推断答案。如第 2 题，要求填写名词短语，后面句子中提到的 home of every American president 很容易使考生联想到 the White House，当然前提是对这种常识性的文史知识要有所了解。

◇ 旅游景点介绍是听力考试中经常考察的内容，也是中国考生不太熟悉的内容。这类文章段落清晰，这些信息会在文章中顺序出现，只要准确确定这些信息在磁带中的位置就能够找到正确答案。

听力原文

Ladies and gentlemen, before we get to the hotel, I'd like to go over the program for tomorrow. If you will take a look at page 2 in your itinerary, please.

Okay. The bus will pick you up at 8:15 tomorrow morning. Please be outside the hotel by then. We have a busy day tomorrow and we want to do everything. Please go down for breakfast between 7 and 7:30 so you have plenty of time. So 8:15 then. Okay? Our first stop will be the White House, the home of every American president since 1800. It doesn't open until 10, but we'll have to get there before that. We'll have to wait in line. I'm afraid everyone has to. There are 132 rooms in the White House. We can't see all of them, but we will see the famous Green Room, Blue Room, and Red Room and also the beautiful Rose Garden. If we're lucky, we may get a glimpse of the President or a member of the family, but naturally we will not visit their living quarters. After all, they need their privacy too.

Okay. We'll leave the White House a little before 12 o'clock so you can have an hour for lunch. The bus will take you to an area with several restaurants. Maybe you'll even see someone famous. But remember, you only have one hour for lunch, from 12 to 1 o'clock. The bus will depart at 1 o'clock sharp for the Smithsonian Institution. The Smithsonian is made up of seven museums. Naturally, we won't visit all of them. We'll visit the National Air and Space Museum. This museum opened in 1976. In it we'll see Charles Lindbergh's Spirit of St. Louis and Gemini IV. How many of you remember that? The first walk in outer space took place from it back in 1965. And we'll also see a piece of moon rock.

From the Smithsonian we'll head for the Washington Monument. This was built in honor of George Washington, and it opened to the public in 1888. It stands 555 feet and 5 inches high. It is the tallest building in Washington. I'm afraid you won't have time to climb the 897 steps to the top. You will have time to go up by elevator. The view is spectacular.

Before crossing the Potomac for Arlington Cemetery, our last stop of the day, we'll visit the Lincoln Memorial, which was built in honor of Abraham Lincoln in 1922. The 19 - foot statue of Lincoln is one of the most impressive in Washington. We'll then take a ride across the Potomac River to Arlington Cemetery. There we'll see the Tomb of the Unknown Soldier. Sixty thousand soldiers and other great Americans are buried at Arlington. Our last stop will be at the graves of President John F. Kennedy and Senator Robert Kennedy. We will be back at the hotel between 6 and 7. You'll have plenty of time to relax over dinner, but try to make it an early night. We'll have a long day on Friday when we visit Capitol Hill and Independence Hall and the Liberty Bell in Philadelphia. But more about that tomorrow. Well, here we are at the hotel. Enjoy your first night in Washington. Are there any questions? Yes?

词汇和短语

1. itinerary 路线　2. Memorial 纪念物，纪念馆，纪念议事，请愿书　3. cemetery 墓地，公墓　4. Senator 参议员，(大学的)评议员，(古罗马的)元老院议员　5. spectacular 引人入胜的，壮观的

(2)新闻简述

新闻对于中国考生来讲是个难点，尤其是以新闻概要做为题目的文章。在考试中，题目里的内容是磁带原文的主要线索。在表述同样的问题观点和内容时，在听力原文和题目中所使用的句式和词汇有所不同。例如文章中使用了主动语态而在题目中以被动语态的形式出现，同义词和句型句式变化较多。答案常常会出现在路标词汇之前，或是路标词汇不明显，而且答案本身也相当的隐蔽，要么是题目中关键词的同义词，要么需要简单概括后才能得出答案。

Passage 11

题目

__1__ persons were killed and more than __2__ were injured Wednesday night at Heysel Stadium during a riot. It was said that 15 to 20 of the injured were in __3__. British fans surged into a section of the stands occupied by Italian supporters and many of the dead were __4__. The start of play began __5__ later after the disturbance because organizers feared further rioting if it were __6__.

Juventus won, __7__ —— 0.

答案 (1)40　(2)250　(3)critical condition　(4)trampled　(5)one hour　(6)canceled　(7)1

解题分析

◇ 本文是关于新闻事件报道的文章。在听这类文章时，考生要抓住时间、地点、事件及结果等内容。在填空题里注意空格中要求填写的词性。如 1,2,7 题要求填写数字，所以在听这几道题目时一定要以数字为重点。第 3 和 5 题，要求填写名词或名词性短语。在背景文字中第 3 题附近出现的 15 to 20 以及第 5 题中的 disturbance 都是听力原文中出

现过的路标词汇。只要听到这些词汇,选择相对应的词性就可以找到答案。以此类推,第 4 和 6 题,需要填写的动词在磁带中很容易找到。

听力原文

40 Killed, 250 Injured As Soccer Fans Riot at Cup Match in Brussels

Compiled by Our Staff From Dispatches

BRUSSELS – At least 40 persons were killed and more than 250 were injured Wednesday night when rioting broke out at Heysel Stadium before the start of the Europen Soccer Cup Final between Liverpool and Juventus of Turin, police and Red Cross officials said.

Police said that 15 to 20 of the injured were in critical condition.

Witnesses said that many of the dead were trampled when British fans surged into a section of the stands occupied by Italian supporters, forcing the Italians against a concrete dividing wall that collapsed under the onrush of panicked spectators.

Police and hospital officials were unable to say whether most of the dead were British or Italian.

Police said that the majority of fans involved in the violence were from Liverpool.

The disturbances began an hour before the start of play. Organizers ordered that the match go ahead, apparently because they feared further rioting if it were canceled.

Juventus won, 1 – 0.

词汇和短语

1. riot 暴乱，骚动，(植物，疾病等)蔓延，暴动骚乱，放纵，挥霍，参加骚动 2. dispatch 分派，派遣，急件 3. trample 踩踏，蹂躏 践踏，踩坏，轻视 4. surge 巨涌，汹涌，澎湃 5. collapse 倒塌，崩溃，失败，虚脱 6. onrush 突进，突击，洪流，猛冲，(水的)奔流 7. panic 惊慌，恐慌 8. panicked 受惊吓的 9. stand 看台

(3)专题提纲

难度最大的是填写专题讲座的文章概要。这类专题讲座往往围绕一个专业话题展开讨论，文章内容专业化，题目答案相对生活化是这类文章的特点。由于内容不熟悉，考察的信息比较多，有时会涉及到相关的专有词汇，即便没有晦涩难懂的词汇，考生也常常来不及预测文章内容和答案，磁带就已经播放完毕。在实际考试中这些专有词汇很少独立作为答案出现在题目中，经常成为指引答案的路标。所以考生要在聆听磁带的过程中，注意上下文的联系，根据预读题目的内容来判断所要填写的词性和可能出现的答案。

Passage 12

题目

In order to prevent food from __1__ people, ate all they possibly could and hoped it wouldn't be long time before the next time. Either they were __2__ or __3__ most of the time.

Nobody knows when people learned to __4__ food. Not only did they find that the dried food kept longer but also learned that __5__ helps preserve meat and fish and even vegetables. Food preserved in many ways could be found in a modern supermarket while you were walking up and down the __6__. Firstly, these foods were sealed in __7__ containers. Secondly, heated to a high temperature. The food would soon spoiled if there was a __8__ in the seal.

答案 (1)spoiling (2)stuffed (3)starved (4) preserve (5)salt

(6)aisles (7)airtight (8)break

解题分析

◇ 这是一篇关于食品密封保存的文章。虽然没有太过生涩的词汇，用词也很简练，但是使用日常词汇描述了考生不太熟悉的内容。在做题时，首先注意要求填写的内容以名词和动词为主。

◇ 题目中使用的词汇大多数都在文章中提到过，但是句型句式有相应的变化。文章中提到 so they were either stuffed or starved most of the time. 而在题目中则提到 Either they were 2 or 3 most of the time. 所使用的词虽然相同但句式不同，稍有疏忽就会错过答案。

听力原文

Long ago people had no way to keep food from spoiling. So they ate all they possibly could and hoped it wouldn't be too long before the next meal. Mealtime was any time they found food, so they were either stuffed or starved most of the time.

No one knows for sure how people first learned to preserve food. Maybe they accidentally left food in the sun and discovered that the dried food kept longer. Maybe they left food by the fire and found out that cooked food not only kept longer, but also tasted better. Somehow someone learned that salt helps preserve meat and fish and even vegetables. For example, pickles are cucumbers that are preserved with salt. Through the years, people have continued to learn new and better ways of preserving food from one growing season to another. And today, millions of people work in jobs that have something to do with food preservation.

Suppose you were walking up and down the aisles of a modern supermarket. On the shelves you would find food preserved in many different ways. You would see canned tomatoes and peaches in glass jars. These foods were first sealed in airtight containers and then heated to a high temperature. If there was a break in the seal, the food would soon spoil. You would also see dried and powdered foods on the shelves. You would see prunes (which are dried plums) and raisins (which are dried grapes). You would see powdered milk and powdered eggs. Some dried foods, such as onions and potatoes, can be kept almost indefinitely.

词汇和短语

1 preserve 保护，保持，保存，保藏　2 spoil 损坏，搞糟，宠坏，溺爱扰乱　3 airtight 密封的，无懈可击　4 container 容器(箱,盆,罐,壶,桶,坛子)，集装箱　5 indefinitely 不确定地　6 plum 李子，洋李　7 sealed 未知的，密封的　8 pickle 泡菜,腌制

重要提示

近来听力考试中,填空题中要求填写的信息密集。甚至一句话中要求填写两个答案,造成许多考生虽然听到答案但来不及记录,因此失分。此外,隐含的路标词汇较多,不能一目了然的找到相关信息,从而错过答案。

3. 短问题回答(Short Answer Question)

短问题回答也叫做简答题,在所有题型中对考生的概括能力要求最高。题目要求考生将所听到的磁带内容用简单的短语或是不超过三个单词的短句概括清楚,答案很少直接使用文章中的词汇,在文章中的位置也不明显。甚至需要考生在理解文章内容的基础上,使用自己的语言加以概括。不仅考察了考生的听和写的能力,还考察了考生的概括能力。因为答案常常隐藏在几句话中,需要将几句话中的主要信息进行综合概括才能得出答案。有时会在磁带中提一件事情,在答案中则让考生总结一个观点。

短问题回答/简答题的解题方法

* 阅读题目,标注题目中出现的路标词汇;
* 预测答案中的内容和词性;

* 根据磁带中的信息归纳概括答案；
* 按照题目规定书写答案。

Passage 13

题目

Answer questions by writing no more than three words.

1 How many employees are working in Mr. Kent's supermarket? ________

2 How many customers go to his supermarket per week? ____________

3 Why isn't Mr. Kent's job easy to describe? ____________

4 Why does Mr. Kent have to fill the cash registers before the store opens? ____________

5 Why do you think a large supermarket is divided into departments? ____________

6 What items must Mr. Kent include in his projection of profit and loss figures for the store besides the volume of sales, the cost of employees' wages and benefits, of food and of store maintenance, the gross profit? ________________

答案 (1)90 (2)15,000 (3)many duties/responsibilities (4)ready for business (5)efficient management (6)the net profit

解题分析

◇ 超市管理是这篇文章的主要内容。1 至 2 题中考察了两个代表事实的数据，从 How many 引导的句式来看可以知道答案是相关的数字。题目中的 employees，customers 是路标性词汇。只要这两个词附近的数字找到，就能做对答案。

◇ 3 至 5 题中要求考生分析具体的原因。第 4 题的答案可以从文章中找到，而 3 和 5 题的答案则需要考生自己根据文章内容概括总结。

◇ 第 6 题中的项目名称 projection of profit and loss 是明显的路标词汇，答案在原文中直接出现。

听力原文

A large supermarket is a complex business that requires skillful management. Robert Kent manages a successful supermarket in the downtown area of a big city. He is in charge of 90 employees and the store has an average of 15,000 customers a week. Mr. Kent's job is not easy to describe. He has many duties and responsibilities, and no working day exactly the same as any other. Here are some of the things he does during a typical day at the store.

The store opens daily at 8 A. M., including Saturdays and Sundays. Mr. Kent gets to work at 6:45, an hour and 15 minutes before the doors open. As soon as he gets to the store, he goes to his office, opens up the safe, and counts the cash that has been turned in the night before. After he has counted the cash, he goes to the front of the store to the checkout stands and fills the cash registers with currency and coins. Now the store is ready for business.

A large supermarket like Mr. Kent's is usually divided into departments. In Mr. Kent's store, there are six departments, and each department has its own manager. During the day, Mr. Kent talks to each of the department managers to find out if he has any special problems. He talks to the manager of the produce department, where fresh fruit and vegetables are sold. He checks with the managers of the meat department, the bakery department, and the grocery department. He also talks to the manager of the nonfoods department, where such items as brooms and mops, aspirin and toothpaste are sold. And he checks with the snack bar department manager, too. At the snack bar, customers can buy sandwiches, salads, sweet rolls, and drinks.

As he talks to the department managers, Mr. Kent gathers the information that he will need to carry out one of his most important responsibilities --- that of projecting the overall profit-and-loss figures for the store. His projections must include the following items:

A, the volume of sales

B, the cost of emoployees' wages and benefits, of food, and of store maintenance

C, the gross profit

D, the net profit

Because the store operates on such a small margin of profit (the overall net profit is within the range of 1 percent), Mr. Kent must work out his projections in great detail. Failure to take into account an employee's raise in pay or the cost of repairing a single machine could mean the difference between profit or loss in the quarterly report made by each department.

词汇和短语

1 complex 复杂的，合成的，综合的联合体 2 typical 典型的，象征性的 3 item (可分类或列举的)项目，条款，(消息、情报等的)一则，一条 4 maintenance 维护，保持，生活费用，扶养 margin 页边的空白，(湖、池等的)边缘，极限，利润，差数，(时间、金额等的)富余 5. cash register 收银机 6. take into account 考虑 重视

4. 完成句子(Sentence Completion)

完成句子这种类型的题目要求考生根据所听到的文章内容填写题目中被省略的关键词语，以保持句子的完整性。从题型上看和填空题很类似，只是填空题要求填写的内容关系到整篇文章的概况，而完成句子需要填写的是单一句子中的关键词汇，这些句子要么是一个段落的主题句要么就是体现段落大意的核心句式。有时段落中的关键词语会以段落小标题的形式出现，考生在阅读完题目后，很容易掌握文章的主要脉络和内容概况并确定答案。

解题方法

* 阅读题目，掌握文章概况；
* 标注路标词汇，预测需要填写的内容；
* 寻找路标词汇以及其同义词在磁带中出现的位置；

*注意答案和路标词汇的关系并确定答案。

Passage 14

题目

Part of the dairy for processing

Separator

To take the ___1___ out of the milk, separators are used in the dairy processing plant.

Pasteurizer

Heating the milk to certain temperature must destroy any harmful, disease-causing ___2___ that might contain in the milk.

Homogenizer

In this machine, where the milk is pumped under ___3___, the fat globules are broken down and the cream and milk are ___4___.

Delivery

___5___ truck drivers are assigned to a different section of the city.

Staff

Without any exception, a ___6___ and two ___7___ make up the staff in the business office.

答案 (1)cream (2)bacteria (3)pressure (4)blended (5)Fifty (6)secretary (7)bookkeepers

解题分析

◇ 这是关于乳制品加工过程的文章。题目中大写的黑体字是引领文章的小标题,分别代表文章中不同的段落和内容,同时也是预示答案出现的路标词汇。虽然有些专有词汇,但并不是主要考点。题目构成文章的主要概况,有些答案可以根据上下文推断出来,如第 2 题要求填写的答案是个由 harmful, disease-causing 限定的名词, 通读题目很容易推出答案是 bacteria。

◇ 虽然句型和句式有变化,在题目中的背景文字的引导下,依然可以预测答案的内容。例如:第 6 和 7 题,显然是要填写两个表示职业的名词。所以很容易确定 secretary 和 bookkeepers 为最后的答案。

听力原文

In the processing plant, where raw milk is changed into pasteurized milk and cream, there are about ten employees. The processing plant has a number of machines. Some of them are quite complicated and expensive. Let's look at three of the most important machines that are found in the plant.

One of these machines is a separator, which takes the cream out of the milk. Milk without cream is known as skim milk. About one-third of the milk that has been separated is kept as skim milk. Skim milk is used by people who must restrict the fats in their diet, and it is also used to make cottage cheese. Another important machine is the pasteurizer, which heats the milk to a certain temperature to destroy any harmful, disease-causing bacteria that it might contain. Milk must be pasteurized before it is safe to drink. Still another important machine is the homogenizer. In this machine, where the milk is pumped under pressure, the fat globules are broken down and the cream and milk are blended. After the milk has gone through the various machines in the processing plant, it is cooled, bottled, and stored in a refrigerator, ready for delivery.

Early every morning except Sunday, the trucks pull up to the loading dock and pick up the milk that is to be delivered to stores and homes in the big city. The milk must be picked up very early so that it can be on the doorsteps in time for breakfast and in the stores before they open for business. In all, Mr. Taylor employs fifty men as truck drivers, and each truck driver is assigned to a different section of the city.

Mr. Taylor's dairy is a large business, with sales of several million dollars a year. All large businesses require an office staff, and Mr. Taylor's is no exception. The staff in the business office includes a secretary and two bookkeepers. The bookkeepers must keep track of the daily income and expenditures and make reports once a month.

词汇和短语

1 pasteurize 用巴氏法灭菌　2 delivery 递送，交付，交货，引渡　3 bookkeeper 簿记员　4 expenditure 支出，花费　5 assign vt. 分配，指派　6 dock 码头，船坞，靠码头　7 bacteria 细菌　8 skim milk 脱脂牛奶　9 globule 水珠，水球　10 go through 检验，经历　11 keep track of 了解，记录

5. 匹配题(Matching)

匹配题要求考生在听文章的过程中根据文章的内容分类归纳，按照要求将文章中类似的信息或是相关的信息与题目一一对应，找到相互匹配的内容。较为常见的有两种题型：**多项对应匹配题和单项对应匹配题**。

解题方法：

* 注意题目中选项的分类，即是一对一的选项，还是从多条信息中选择固定的对应项。
* 找出各类信息之间的对应关系。
* 从所给的信息来判断所要选择的对应项即需要考生选择匹配的内容。
* 以已知的信息为路标，抓住特征，寻找并确定对应项。

(1)单项对应匹配题

单项对应匹配题，是指题目中所给的选项和磁带中提到的信息的数量一致，只需要将文章中的信息挑选出来，和相应的选项一一对应即可。下面是一位女士为自己的女儿选择生日礼物，要求根据对话将其所买的物品和价格进行分类搭配。

Passage 15

题目

Mrs. Coleman is in a department store. She is asking the clerk abour the prices of different things. Match each object and its correct price tag.

1 Ring A. $ 23.75
2 Pen B. $ 545
3 Calculator C. $ 1259
4 Bracelet D. $ 7.85
5 Watch E. $ 135

答案 (1)C (2) E (3) D (4) B (5) A

What does Mrs. Coleman say is wrong with everything? Write the name of each item below.

6 too big F. bracelet
7 not the right design G. watch
8 too heavy H. ring

9 not the right shape I. pen

答案 (6) G (7) H (8) I (9) F

解题分析

◇ 首先注意磁带中内容的分类。本篇对话谈到购买礼物，内容涉及到物品的名称和相关的价格以及物品的特征。例如本文在1-5题中，提到的戒指、计算器、手镯等物品名称并对相应的价格和物品特性做了描述。从预读的题目中可以得知这是关于物品名称和价格相匹配的题目，可以将已知的物品价格作为明显的路标词汇，只需要将与其对应的物品名称找到即可。

◇ 物品的名称在文章中是明显的路标，在确定物品名称后很容易找到相关的答案。例如6-9题中，要求选出不同物品的特性，在这里可以将物品名称作为路标，要求将表明物品特性的形容词对号入座，挑选出来。

听力原文

CLERK: Can I help you?

MRS. COLEMAN: Yes, I need something for my daughter. It's her birthady, so I want something special.

CLERK: Well, how much did you want to spend.

MRS. COLEMAN: Oh, money doesn't matter!

CLERK: Oh? Well, how about a nice ring?

MRS. COLEMAN: That's a good idea. Mmm……how much is this one?

CLERK: That's, er, $1,259.

MRS. COLEMAN: Oh, er, well it's, er, not quite the right design for my daughter.

CLERK: Well. here's a beautiful bracelet. It's only $545. It's eighteen carat gold.

MRS. COLEMAN: Hmm. Well,…no, that's not quite right. I don't like the shape.

CLERK: I know! How about this gold pen? It's only $135, and It will last forever.

MRS. COLEMAN: Mmm. No, no I don't think so. It's oh dear, It's much too heavy!

CLERK:Too heavy?! I see Well,how about a watch?

MRS.COLEMAN:How much is your cheapest watch?

CLERK:Let's see. Oh,here's one for,er. $23.75—that's Twenty-three dollars and seventy-five cents.

MRS.COLEMAN:Ah.No,I don't think she would like that watch, it's too big! Ah ha! How about that calculator over there?

CLERK:The calculator? But I thought you wanted……

MRS.COLEMAN:Oh,it's beautifulI How much is it?

CLERK:It's,er, $7.85.

MRS.COLEMAN:It's perfect! I'll take it! She'll love it!

(2)多项对应匹配题

多项对应匹配题指磁带中提到的信息数量与题目中所要考核的选项数量不一致。或者是文章提供多条信息,或是题目提供多个选项,需要考生在聆听的过程中,排除干扰项找出正确答案。

Passage 16

题目

Betty and Paul are looking for an apartment to rent. Paul is checking through the newspaper. Which apartments does he talk about? Circle the advertisements.

A. 333 Kingwood Large Studio

B. Metcalf Street

C. 150 Washington Ave.

D. Thomas Street

E. University Avenue noisy small

F. Taft Road

G. Glade Street

quiet ___1___
by the park ___2___
too small ___3___
needs furniture ___4___

APARTMENTS FOR RENT

APARTMENT FOR RENT
255 Glade Street, 2 bedrooms, 10th floor, $475
245 - 5433

Centerview Apts.
NEW APARTMENT
Two bedrooms, furnished, $500
Call: 633 - 4434

METCALF STREET
2 bedrooms,
large living/dining room,
$415
453 - 3673

Thomas Street
I bedroom, large living room,
$390 **577 - 2344**

---

333 Kingwood
LARGE STUDIO
New furnishings, $325
253 - 7390

University Ave. area,
good view, $350
356 - 7889

---

150 Washington Ave.
3rd floor of new building
2 bedrooms, 2 bathrooms
$460
354 - 8792

TAFT RD.
Near expressway,
two bedrooms,
$350
Call 763 - 3499

答案 1 B 2 D 3 E 4 F

解题分析

◇ 这是一个关于租房的广告。要求考生将出租的房屋条件和所在的街道名称相对应。具体的房屋价格是文章的主要线索,考生要以具体的数字为线索在图片上选出对应的街道名称，再根据栏目内的信息将答案对号如座。如磁带中，Betty 提到的 one bedroom 和 Near a park 两个条件。Paul 的回答中提到了 one bedroom 的价格是 $ 390 看上去有点贵。在题目中只有 Thomas Street 符合对话中 $ 390 和 one bedroom 的要求，所以在 by the park 这一项里对应的答案应该是 D。

听力原文

BETTY: Anything interesting in the paper today?

PAUL: Let's have a look. Well, yeah, there are a few here that might interest us. Here's one for just under $ 400. It only has one bedroom but it sounds nice. Near a park. It'd be nice to live near a park.

BETTY: Mmm. But, you know, $ 390 seems expensive for just one bedroom.

PAUL: Yes, you're right. Oh, here's one that's a little cheaper, near University Avenue. It's $ 350.

BETTY: How many bedrooms?

PAUL: Just one again. That's not a very nice area.

BETTY: No, it's pretty noisy. I'd prefer a larger place really.

PAUL: Yeah. Let me see what the cheapest two bedroom apartment is. Oh, here's a real bargain. It's only $ 350. But it doesn't have any furniture.

BETTY: No, You know how much it can cost to furnish an apartment?

PAUL: Oh, here's another one for just over $ 400. This sounds very interesting. It's on Metcalfe. That's a nice street.

BETTY: Yes. It's quiet. Did you say two bedrooms?

PAUL: Yes, at $ 415.

BETTY: Why don't we go and have a look at it?

PAUL: OK, I'll give them a call.

√ 图形匹配题

所谓的图形匹配题是指题目是以图形或者图片的形式出现，考生要依据听力原文中提供的线索将图形与原文中的信息一一对应排序。不同的图形图片代表不同的地点、事件、场景是考生推测答案的依据，在解题时要注意图片信息所要表达的具体内容。

Passage 17

Look at these police drawings of a bank robbery. Listen to the news report, and number the pictures 1 to 6 in the order you hear them.

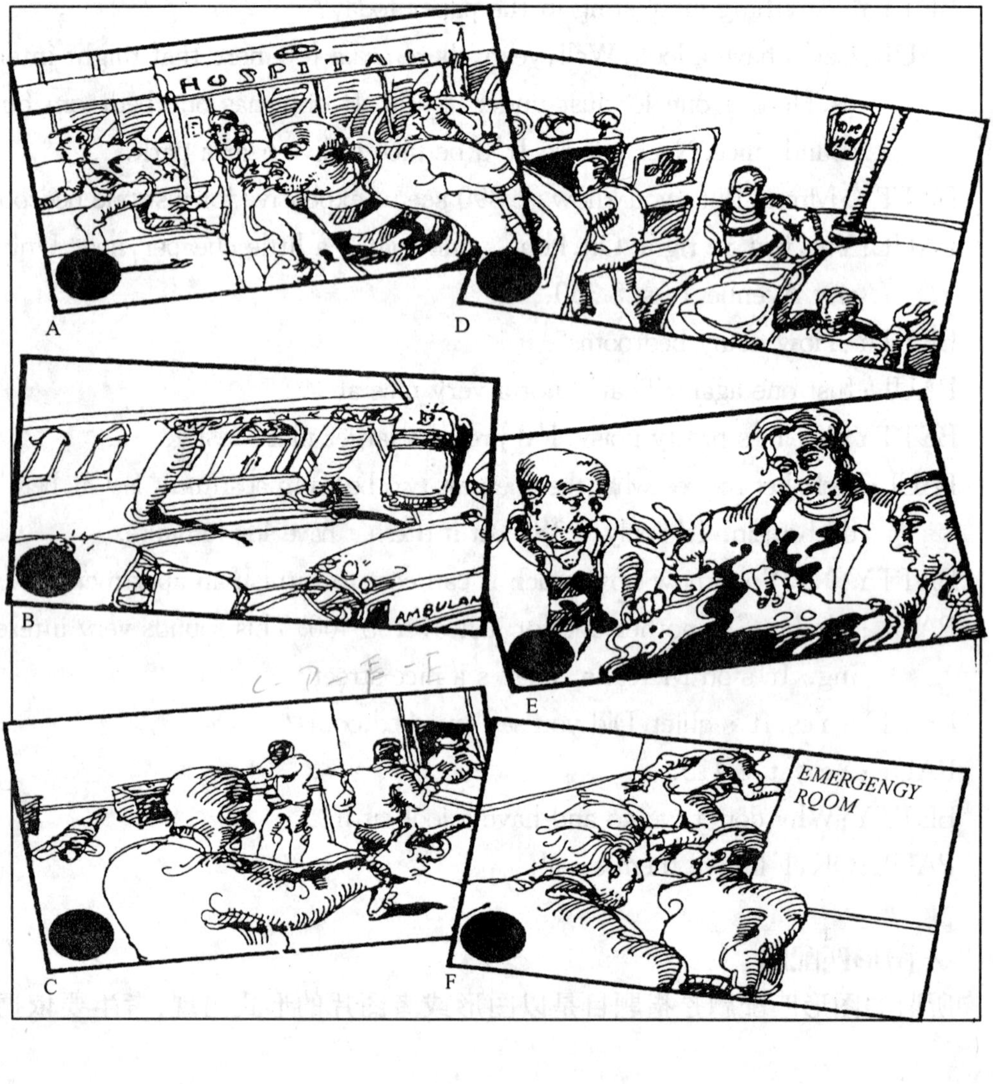

答案 C—D—F—E—A—B

解题分析

◇ 题目六幅图片中显示了不同的场景和内容。从图片中可以看到，医院、救护车、急诊室、警车、蒙面持枪的歹徒和四散逃窜的人群，可以预测这是一篇关于抢劫的文章。题目要求标注事件发生的先后顺序，看清图片内容和场景位置的变化就很容易理顺事件先后发生的顺序，即抢银行——乘车逃逸——医院分赃。其中换乘救护车返回医院急诊室等细节为确定答案提供了进一步的信息。

听力原文

DIANE MARTINET: And now we join John Tanaka downtown with a report on a bank robbery that went wrong! John. . . .

JOHN TANAKA: Thank you, Diane. Well, three bank robbers got a surprise last night after robbing the First Bank of Kingsville on Main Street. This is what happened: The three robbers, who all work as cleaners at Kingsville General Hospital, drove up to the bank in a white Volkswagen and parked right outside the bank. The three men, wearing masks over their faces, got out of the car and ran into the bank. Inside the bank, they pointed guns at the customers and bank tellers. Jean Marquez was in the bank at the time.

JEAN MARQUEZ: Well, it was so surprising I didn't really have time to be frightened! They all had guns, and one of the men told all the customers to lie down on the floor. So we all lay on the floor - it was very cold! And then one of the other men told the tellers to hand over the cash. He said something like. "Quick the money! Give me money!" So one of the tellers handed them some bags, and then they just ran off.

JOHN TANAKA: After leaving the bank, the three men jumped into the Volkswagen and drove off. One mile down the road, the robbers parked their van next to an ambulance they had parked there before the robbery. They got into the ambulance and drove off. They went straight to Kingsville General Hospital. After leaving the ambulance in the hospital parking lot outside the emergency room, the three men went together into a small room next to the emergency room. There, they opened the bags of money they had been given – and got a very unpleasant surprise! The bank teller had given the robbers bags containing bright red ink! The red ink is released when the bag is opened, and it cannot be washed off. So suddenly, the men found themselves covered in red ink! As the men left the room and tried to leave the hospital, an emergency room doctor, Dr. Maria Ray, saw them and tried to stop them.

DR. RAY: Well, when I saw these three guys, I thought, "Oh God, they're all covered in blood!" So I tried to help them! I realized something funny was going on when they refused my help, pushed past me, and ran off. I followed them into the parking lot and saw them get into an ambulance in the parking lot and drove off – real fast! So I went and called the police.

JOHA TANAKA: The police caught up with the ambulance in town, and stopped it – guess where? Outside the First Bank of Kingsville on Main Street!

6. 图解标签题(Diagram Labeling Question)

图表标签题是指在题目中给考生一幅图片,对图片中某些部分加以文字标注,剩余的部位要求考生根据所听到的文章内容补充完整。考生首先要看懂图片的内容和图片上已经给过的背景文字,根据这些已知信息推测文章的内容。例如,是关于饮食结构还是商品消费状况或是其它内容。因为这些信息都与答案有着直接或间接的联系,有些甚至就是暗示答案出现的路标词汇。

解题方法:

* 阅读题目中出现的图形或是图表以及相关的背景文字;
* 根据图形、图表所提供的信息及背景文字预测需要填写的内容;
* 依据磁带的内容确定答案。

Passage 18

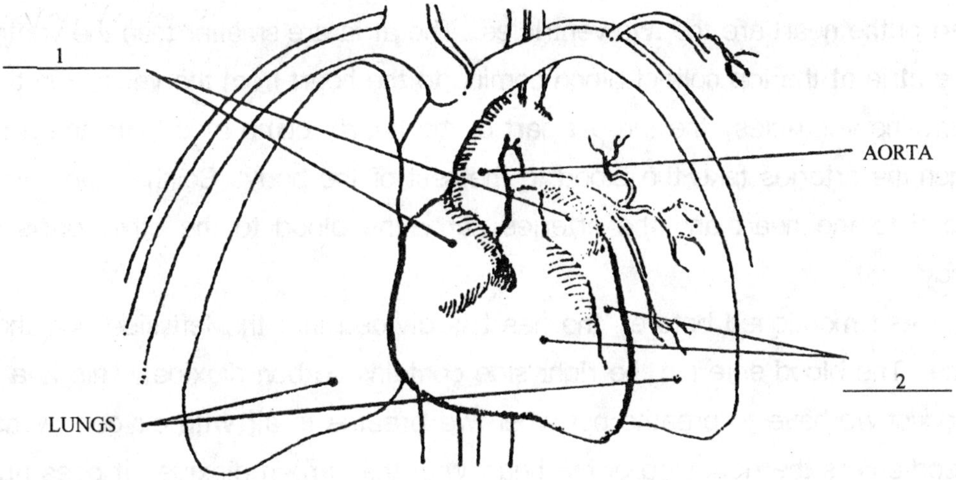

答案 (1)ATRIA; (2)VENTRICLES;

解题分析

◇ 这是一幅显示心脏构造的平面图,图形中四个部位需要做标记,两处作为背景文字已经标明。剩余两处需要考生根据磁带内容填写完毕。从已知的信息可以看出,所需要填写的是具体的器官部位名称。这两个部位分别在心脏的上方和下方,在听磁带时就要注意听和方位有关的词汇。所以当磁带中提到,On the top, at the top part of,on the bottom part of 等词汇时就要格外留意,答案就在后面。

听力原文

The heart lies near the middle of the chest, between the lungs. It's wider at the top than it is at the bottom, and the wider end, the top, points toward the right shoulder. The narrower end, the bottom, points toward the left. It's the lower end you can feel beating. Try to feel the heart beating. But the heart is not on the left side of the body. As I said before, it's near the middle of your chest.

The heart is divided into the left and the right side and the top and the bottom. On the top, at the top part of the heart are the two atria and on the bottom part of the heart are the two ventricles. The atria are smaller than the ventricles. The atria at the top collect blood coming to the heart from the veins. On the bottom, the ventricles, the largest part of the heart, pump blood into the arteries. Then the arteries take the blood to the rest of the body. So the veins bring the blood to the heart and the arteries carry the blood to the other parts of the body.

As I mentioned before, the heart is divided into the left side and the right side. The blood entering the right side contains carbon dioxide. This is a waste product we have to breathe out when we breathe in air with oxygen. When the blood enters the right side of the heart with the carbon dioxide, it goes first into the right atrium, then into the right ventricle. Next, to the lungs so the carbon dioxide can be removed there in the lungs. Then fresh air and fresh oxygen can enter the blood.

词汇和短语

1 atria　心房,心耳,内耳窝,(古罗马建筑的)前室,前庭
2 ventricle　室，脑室，心室　3 artery　动脉，要道
4 oxygen 氧　5. atrium

7. 选择题(Multiple Choice)

选择题是中国考生最为熟悉的题型,在雅思听力考试中主要分为两类,单项选择题和多项选择题。目前看来在雅思考试中,选择题的命中率并不如考生期待的那样高。首先,选择题型多变,相对按照选择某一个选项作为所有题目的答案的方法难以奏效。其次,选择题的选项中存在着若干项干扰信息,而这些干扰信息会先后在文章中一一提到,这就需要考生要判断准确。再次,在多

项选择题中,考生虽然被告知有几项正确答案,但要求考生阅读的选项比较多,在不能快速理解原文内容的情况下,往往会造成误导,从而选错答案。

解题方法:

* 阅读题目,标注题目中出现的路标词汇;
* 阅读选项,尤其注意缺乏共同因素、个性化的选项;
* 排除含有同义词的选项。

(1)单项选择题

单项选择题,要求考生在所给的三或四个选项中,挑选一个正确的答案,答案的选项可能以文字的形式出现也可能以图片的形式出现。虽然选项较少但是干扰信息较多,不太容易做对答案。中国考生习惯去找共性较多的内容作为标准答案,在听力考试中,恰恰相反,共同因素最少的选项、最为个性化的选项最可能是答案。

①另类选择法

听力原文

You run the risk of failing the subject or in very serious cases you might be denied entry to the university.

题目

The speaker thinks that plagiarism is……

A. a common problem　　B. an acceptable risk

C. a minor concern　　D. a serious offence

答案 D

题目中问到剽窃是一种什么样的行为,四个选项中的 A 认为是 a common problem 普遍的问题,选项 B 中提到 an acceptable risk 指可以接受的风险;选项 C 中的 a minor concern 意思是小事一桩;四个选项中只有 D 表达的程度最重 a serious offence 指严重的冒犯行为,所以答案是 D。这类题目即便没有听清原文的句子,只要将题目读懂,根据题目的要求选出表达程度最不同、最为个性化的选项就是答案。

②同义词排除法

在雅思考试中，同义词可以作为答案出现在选项中。所以在单项选择题中，如果同时出现两个或三个选项是同义词的情况，那么包含同义词的选项都可以被排除掉。

听力原文

Martin: I decided to look at the history of banana growing in Australia.

Fiona: Banana growing, fascinating, I'm sure.

Martin: Well, it's not as boring as you'd think.

题目

At first Fiona thinks that Martin's tutorial topic is ______

A. dull　　B. interesting　　C. fascinating

答案 A

这是两个学生在讨论论文选题的对话。Martin 选的论文题目是香蕉种植，题目中问到 Fiona 对这个题目的看法。从文字上来看 Fiona 虽然说的是 fascinating，词意是“很有意思”，但实际上具有讽刺意味。所以听出话外音的 Martin 说没有她想的那么枯燥，句子中的 boring 和 dull 是同义词替换。即使听不到原文中的答案，只要读懂题目和选项就可以确定 A 是正确答案。因为题型是单选题，在此处 interesting 和 fascinating 可以当同义词讲，都可以排除掉，所以剩下的 A 就是答案。

Passage 19

题目

Circle the letter beside the most suitable answer for each of the questions below.

1, Which shop does not repair washing machines?

A. C&R Repairs　B. ABC Appliances　C. General Repair

2, How much does ABC Appliances charge an hour?

A. $15　　B. $ 50　　C. $40

3, When does the earliest someone from the shop come?

A. tomorrow afternoon B. at once C. the day after tomorrow

4, What is the name of the repairman?

A. Milt Jackson　B. John Miller　C. Joan Henderson

答案:(1)C　(2)B　(3)A　(4)B

解题分析

◇ 本篇对话是关于一个男士咨询维修洗衣机的事情。题型是单项选择题,在三个选项中选择一个正确的答案。首先,阅读题目的内容,预测文章的概况,通过题目可以得知是关于预约修理洗衣机的文章。题目中的 Which shop、How much、When、What is the name 等短语暗示考生磁带文章中的主要内容和答案的性质。

◇ 其次,要区分人物身份,即对话中有几个人在谈话,各自的身份是什么。根据涉及到的人物身份找到对应的答案。

◇ 再次,排除干扰项,选择正确答案。考生会发现,三个选项基本上全在文章中提到,必须根据题目限定的范围才能确定最后的答案。例如第1题中,三家维修店的名称在磁带中都提到过,但题目中限定的范围是"没有洗衣机维修这项服务的店铺名称",所以答案只可能是C。

听力原文

Jackson:Hello, General Repair, Milt Jackson speaking. Can I help you?

Henderson:Hello, Do you fix washing machines?

Jackson:No, we don't

Henderson:Okay, Thank you.

ABC:Good morning, ABC Appliances.

Henderson:Hello. Do you fix washing machines?

ABC:Yes, we do.

Henderson:How much do you charge?

ABC: $ 50 an hour. Of course parts are additional.

Henderson:Did you say 50 or 15?

ABC:50

Henderson:Can you come by and look at my machine today?

ABC:I am afraid today is impossible and tomorrow too. What about the day after tomorrow? Wednesday afternoon.

Henderson:Wednesday. Hmm, Okay, let me think about it. I'll call you back.

ABC:That's fine. Good- bye.

C&A:Hello

Henderson:Hello. Is this C&R Repair?

C&A:Yes, it is.

Henderson:Do you fix washing machines?

C&A:What kind do you have?

Henderson:A General Electric.

C&A:Yes, we repair General Electrics. We charge $ 40 an hour, and any parts are additional.

Henderson:You said 40?

C&A:Yes, that's right.

Henderson:How long will it take to repair the machine?

C&A:I don't know because I don't know the problem.

Henderson:I see, well, when can you come?

C&A:Tomorrow afternoon.

Henderson:No sooner?

C&A:No, I'm afraid not.

Henderson:Well, O.K. What time will your repairman come?

C&A:How about 2 o'clock?

Henderson:That's fine.

C&A:Can I have your name and address, please?

Henderson: Joan Henderson, 2803 Market Street.

C&A: 2803 Markent. All right. Our repairman will be at your place at 2 tomorrow.

Henderson: What is the name of the repairman, please? I'd like to know the names of strangers before I let them in my house.

C&A: I understand. Let me see. Yes, Your repairman will be John Miller.

Henderson: John, Miller. Thank you. I'll expect him at 2 tomorrow.

C&A: Fine, Good-bye.

Henderson: Good-bye.

词汇和短语

1. charge 负荷，电荷，费用，主管，掌管 装满，控诉，收费

2. additional 另外的，附加的，额外的

3. part 配件　4. no sooner 立即，马上

(2)多项选择题

多项选择题是要求考生在众多的选项中挑选出和文章相对应的信息，主要是题目中可供选择的项目要比文章中提到的实际信息多。考生在做这类题目时，要留意近似的选项，一般情况下，近似的选项中总有一项是正确答案。

Passage 20

题目

Clint is a reporter for a magazine. She is talking to Patty Carter. A model, about how she stays in shape. Check the things that Patty does.

A, gets a lot of exercise.

B, uses exercise equipment

C, goes jogging.

D, swims regularly

E, play tennis.

F，eats a lot of meat.

G，eats a lot of vegetables.

H，smokes

I，gets enough sleep.

答案 A,D,E,G,I

解题分析

◇ 本文是关于健身方面的一个访谈节目，看清题目要求就很容易排除一些不着边际的干扰项。题目中要求选择保持健康的选项，F，eats a lot of meat 和 H，smokes 两项从生活常识来看就不正确，可以直接排除。

◇ 因为在磁带中提到 I don't use any exercise equipment，和 I don't like jogging much，it bored me，so I stopped. 所以剩下的选项里的 B，uses exercise equipment 和 C，goes jogging. 就被直接否定掉了，最后几项就是正确的答案。

听力原文

CAROL: Well, how do you keep yourself in such fantastic shape, Patty? Do you belong to a health club?

PATTY: No, I don't. I don't need to because I get plenty of exercise. I try to exercise every day.

CAROL: Oh, what do you do? I suppose you have all sorts of expensive equipment?

PATTY: No, I don't use any equipment actually.

CAROL: Do you jog?

PATTY: No, I don't. I don't like jogging much. It bores me.

CAROL: You don't jog? Did you use to jog?

PATTY: Well yes, I did use to jog. but it bored me so I stopped.

CAROL: So what sports do you play?

PATTY: I swim a lot. I go to the pool about four times a week, and I try to swim at least a mile.

CAROL:Wow, you swim four miles a week? How long does that take you?

PATTY:About forty minutes.

CAROL:And what other sports do you play?

PATTY:Well, tennis is my major sport.

CAROL:Really. And how often do you play tennis?

PATTY:Oh, a couple of times a week. Listen, are you sure your readers are that interested in me?

CAROL:Well, I may not use everything. Just a few more questions though. What about your diet? Do you keep to any special diet?

PATTY:Well I eat very little meat. I don't think it's good for you to eat a lot of meat. Mind you, I'm not a vegetarian. But I usually have meat only once or twice a week. I eat lots of fruit and vegetables.

CAROL:I see. And I don't suppose you smoke.

PATTY:No, I haven't smoked for over five years.

CAROL:And how much sleep do you usually get?

PATTY:Well you really need to get plenty of sleep in my profession. We often have to start work very early in the day. So I try to get at least seven hours every night.

CAROL:Oh, is that enough?

PATTY:Yes, it is for me.

CAROL:Well, thanks for sharing some of your beauty secrets with us. Oh, there is one more question. Have you always been so slim? I mean, when you were a child, did you ever have a weight problem?

PATTY:Well, now that you ask. when I was a little girl. I was pretty fat. In fact, people used to call me Fatty Patty.

CAROL:Did they ?

PATTY:Yes, that is how I learned the value of exercise. I hated being called Fatty Patty.

CAROL:Hmmm,maybe we could show our readers a picture of you as a fat little girl.

PATTY:Oh,I don't think that's a good idea at all

CAROL:What a good idea. The readers will just love it. Yes,lets definitely get a picture…

PATTY:Oh,no,please let's not.

词汇和短语

1.stay in shape:保持身材　2.jogging 慢跑　3.profession 职业,专业,表白,宣布　4.vegetarian 素食者,素食的　5.fantastic 幻想的,奇异的,神奇的　6.now that 既然　7.used to 过去常常

8.正误判断题(True or False Not Given)

正误判断题是要考生依据文章的内容来判断题目中所给的选项是正确的、错误的还是没有在文章中提到。如果题目中的信息和文章中提到的信息完全吻合,整个选项就是正确的,只要把文章的内容听懂,就容易找到答案。对于考生来讲,比较麻烦的就是,什么情况下选项是错误的,什么时候是没有提到。在考试时,考生经常不知道是自己没有听到还是原文中根本没有提到。

在听力部分,对错的判断是以磁带中提供的信息为准。如果题目提供的信息多于原文中的信息,这种情况就是没有提到(Not Given)。相反,磁带原文中的信息多于选项中的信息时,就是错误(False)。

也就是说,一切以文章中的信息为准。文章中提到的信息必须要与题目选项中的信息一一对应,无论是同义词的形式还是其它形式。

正误判断题的解题方法

* 标注题目中的关键信息并进行分类记录;
* 在听力原文中找到相对应的信息;
* 将题目中的信息和原文中的线索相比较,根据信息完整程度判断正误。

Passage 21

题目

Read these statements. Listen to the news program again, and say if the statements are True (T) or False (F) or Not given (NG).

____1, There was a fire near Washington.

____2, Poisonous plants are problems for fire fighters.

____3, Better security is needed on airplanes.

____4, Better security is needed both on airplanes and trains.

____5, The space shuttle will take off on Monday

____6, The dollar is worth 183 yen today.

答案

__F__ 1, There was a fire near Washington.

__T__ 2, Poisonous plants are problems for fire fighters.

__T__ 3, Better security is needed on airplanes.

__N__ 4, Better security is needed both on airplanes and trains.

__F__ 5, The space shuttle will take off on Monday

__T__ 6, The dollar is worth 183 yen today.

解题分析

◇ 文章中提到了四条信息,第一条是在英国的 Teddington 地区,消防队员在扑灭森林大火时,遇到有毒的植物的干扰。第二条,为加强空中飞行安全系数,防止劫机事件,国际航空联合会即将采取的新的措施。第三条,由于计算机系统出现了问题,美国航空航天局取消了周二的火箭发射计划。最后一条分析了两天里日圆和美圆的兑换率。题目中提到了六个选项。

◇ 在第 1 和 5 题中分别考察了听力原文中报道的火灾事件和航天飞机推迟发射的消息。原文中提到 Fires in Teddington continue to burn out of control。火灾发生的地点是在 Teddington 而非题目中提到的 Washington。题目中的地点错误,所以答案是 False。在关于航天飞机发射的新闻中,原文提到 The Mission was scheduled for an 11:30 A.M. takeoff on Tuesday. 题目中的时间与原文中的实际信息发生冲突。应该是 Tuesday 而不是题目中的 Monday,因此答案也应该选择 False。

◇ C 和 D 是比较容易混淆的选项,在文章中,Improved security measures will include more armed security guards on international flights and special training for pilots. 所表达的意思与选项 C, Better security is needed on airplanes. 是一致的,都是讲述加强飞机安全措施的内容。所以答案选择 True。然而在选项 D 中,实施安全措施的范围比文章内容多了一条信息,就是火车。文章中只提到加强飞机上安全措施,而题目中提到加强飞机和火车上的措施。显然,题目中的信息多于文章本身提供的信息,火车这一项在原文中没有提及,所以答案是 Not given。

听力原文

Good morning, This is Jerry Martinet with the morning news on KALF. Fires in Teddington continue to burn out of control, and several small towns in the forest near Teddington are still in danger. One of the greatest dangers to the 500 fire fighters, however, comes not from the fires, but from plants in the forest——poison ivy plants. Many fire fighters have had skin problems after touching the plants, and at least three have had to go to the hospital for treatment for their skin problems.

Following recent airline hijackings, the International Airline Association, the IAA, has been meeting in Washington this week. The IAA has been discussing ways to improve security and has introduced several new measures. Beginning in May, improved security measures will include more armed security guards on international flights and special training for pilots.

NASA, the National Aeronautics and Space Agency, today announced in Florida that the next Space Shuttle mission has been canceled. The Mission was scheduled for 11:30 A.M. takeoff on Tuesday. However, the flight has been canceled because of problems with the shuttle's central computer system. NASA technicians noticed the computer problems during last minute checks.

In New York, The value of the dollar stayed the same today. But in Tokyo, the dollar fell dramatically. At the end of the day, it was worth 183 Yen, compared to 195 Yen yesterday.

词汇和短语

1. Ivy 常春藤 常春藤联合会的，名牌大学的 2. hijack 抢劫，劫持，劫机 3. measure 尺寸，量度器，量度标准，方法，测量，措施 4. dramatically 戏剧地，引人注目地 5. security 安全 6. aeronautics 航空学，航空术 7. announce 宣布，通告 8. shuttle 往返汽车(列车、飞机)，航天飞机，梭子，穿梭往返 9. mission 使命，任务，使团，代表团

第四章 雅思听力考试部分常见场景分析

www.IELTS.com.cn

第四章 雅思听力考试常见场景分析

一、生活场景

1.看病就医

预约看病是雅思考试经常考到的一个基本场景,常以医生和病人的对话的形式出现。谈话内容涉及到身体健康检查、病症状况表现、医生诊断结果、治疗方案、相关建议等内容,需要考生对医疗保健方面的词汇有所了解。

(1)常用词汇

have a cold	感冒	have a cough	咳嗽
have a sore throat	嗓子疼	have a headache	头痛
have a stomachache	胃痛	have a toothache	牙痛
have a fever	发烧	take the temperature	量体温
pneumonia	肺炎	liver trouble	肝炎
pills	药丸	tablet	药片
mixture	合剂	penicillin	盘尼西林
eye drops	眼药	antibiotic	抗生素
flu	流感	allergy	过敏
stiff	僵硬的	ointment	药膏
syrup	糖浆	medication	药物
non - drowsy	不使人困倦的	twisted	扭伤的
pad	药棉块	sprained	扭伤的
vitamin	维他命	aspirin	阿斯匹林

IELTS 环球雅思 .com.cn

see a doctor	看病	send for a doctor	请医生
feel dizzy	头晕	have a stuffed nose	鼻子不通
feel one's pulse	量脉搏	symptoms	病症

take one's blood pressure 量血压
take one's temperature 量体温
give a prescription or to prescribe a medicine or to write out a prescription 开药方
make up a prescription 配药
get or have or receive an injection 打针
take medicine or pills 吃药
have an operation 开刀
be operated on for something 动手术
have an inoculation against smallpox or sth 打预防天花或其他疾病的防疫针
feel chilly 觉得发冷

(2)常用句型

<table>
<tr><td></td><td>any</td><td>pains in your chest?</td><td></td></tr>
<tr><td>Have you had</td><td>a</td><td>bad cough</td><td>recently?</td></tr>
<tr><td></td><td>the</td><td>flu</td><td></td></tr>
<tr><td colspan="4">Yes, I have. In fact I had ________ last week
Yeah, I had a terrible ________ the other day.
Yes, I've had many ________ the past few weeks / recently.
No, I haven't.</td></tr>
<tr><td>Have you ever</td><td colspan="3">had a broken ________ ?
broken your ________?</td></tr>
<tr><td colspan="4">Yes, I have. I broke my arm once when I was 12
Yes. When I was 12, I fell down and broke my arm.</td></tr>
</table>

续表

Do you smoke?			
	I do		
Yes,	all the time	No,	never
	every day		not much
How often do you ________?			
Every day. Once in a while Almost never			

Passage 22

题目

You will hear a conversation between a doctor and a patient. As you listen, fill in the gaps below.

New Patient —— Medical Information			
Name: Michele Santin:	Sex　Age 27		
Height: 5 6	Weight: 56 inch　145P		
Reason for Visit: normal physical exam (for work)			
Smoke? Nail			
Drink? Yes			
Exercise? yes in summer			
	No	Yes	Details
Recent Medical History			
Any colds?	✓		
Any sore throats	NO		
Any bad coughs?	✓		

IELTS 环球雅思 .com.cn

续表

The flu?			
Any stomachaches?			
Any headaches?			
Any earaches?			
Any toothaches?			
Any backaches?			
Any pains in chest?			
Any pains in shoulder?			
Any pains in legs?			
Past Medical History			
A broken leg?			
A sprained ankle?			
A broken arm?			

答案

New Patient —— Medical Information

Name: Michele Santini　　Sex: F　　Age 27

Height: 5 feet 6 inches　　Weight: 145 pounds

Reason for Visit: normal physical exam (for work)

Smoke? No

Drink? Rarely

Exercise? Swim in summer

续表

	No	Yes	Details
Recent Medical History			
Any colds?			
Any sore throats	No		
Any bad coughs?	No		
The flu?	No		
Any stomachaches?		Yes	Bad stomachache
Any headaches?		Yes	Terrible headache last night
Any earaches?	No		
Any toothaches?		Yes	Slight toothache
Any backaches?		Yes	Occasionally in lower back
Any pains in chest?	No		
Any pains in shoulder?	No		
Any pains in legs?	No		
Past Medical History			
A broken leg?			
A sprained ankle?	No		
A broken arm?		Yes	Fell off bike

解题分析

◇ 这是关于体检的一篇对话，题目要求填写体检者的健康状况表格。表格看似复杂，其实内容条理清楚，路标词汇明确，如 colds，sore throats，coughs 等表示具体病症的词汇成为题目中最为明显的、无可替代的路标。答案就是对这些路标词汇进行描述的词汇，例如在谈 toothache 的时候，症状是 Slight toothache。

◇ 在聆听和医疗方面有关的对话时，一定要注意表示症状的词汇在磁带中的作用和出现的位置。这些词汇是考生知道但不太熟悉的内容，常常在犹豫的过程中错过答案。

听力原文

Doctor: Ms. Santini, would you come in, please? Have a seat. I want to ask you a few questions before I examine you.

Michele Santini: Certainly.

Doctor: First of all, how old are you?

Michele: 27.

Doctor: And you height, how tall are you?

Michele: I think I'm 5 feet 6.

Doctor: 5 feet 6 inches. Well, we'll check to make sure. And how much do you weigh?

Michele: Around 145 pounds.

Doctor: 145. Uh-huh. Do you smoke?

Mochele: No, never.

Doctor: How about alcoholic beverages? Do you drink much wine or beer?

Michele: Very rarely. If I go out to dinner, I sometimes have a glass of wine.

Doctor: Uh-huh. And do you exercise regularly?

Michele: Only in the summer when I have time to swim.

Doctor: So you don't do any exercise, Oh, 9 months out of the year.

Michele: No. Uh. No, I don't think so.

Doctor: Any sore throats?

Michele: No.

Doctor: Any bad coughs?

Michele: No.

Doctor: And the flu?

Michele: No, not in years.

Doctor: What about stomachaches?

Michele: Uh. Uh. Yeah. Last month I had a bad stomachache from some fish I ate. I was in bed the whole day. I even missed work.

Doctor: But no stomach problems since then?

Michele: No.

Doctor: How about headaches?

Michele: Oh, I get a headache every once in a while. In fact, I had a terrible one last night, but I took a couple of aspirins and it went away.

Doctor: I see. And do you ever get earaches?

Michele: No, never.

Doctor: How about your teeth? Do you have any serious problems?

Michele: Well, last month I had a slight toothache, but I went to the dentist and she took care of it.

Doctor: Now, just a few more questions, Do you ever get muscle pains?

Michele: Only backaches. I occasionally get bad pains in my lower back.

Doctor: Maybe more exercise will help.

Michele: I know.

Doctor: No pains in your chest?

Michele: No.

Doctor: Arms?

Michele: No

Doctor: Legs?

Michele: No

Doctor: Have you ever broken your leg?

Michele: No.

Doctor: Sprained your ankle?

Michele: No, not that I can remember

Doctor: And have you ever broken your arm?

Michele: Once when I was 12. I fell off my bike and broke my arm and two fingers.

Doctor: Okay, Ms. Santini, if you'll roll up your sleeves, I'll take your blood pressure.

词汇和短语

1 alcoholic 含酒精的酗酒者，酒鬼　2 beverage 饮料　3 sprain 扭伤

4 take care of 照顾　5 occasionally 有时候，偶而

2. 生活咨询

日常生活咨询也是雅思听力考试必考的内容。涉及的内容广泛，包括预定门票、餐厅座位；外出用餐、商店书店等公共场所的营业时间咨询。信息较为零散，庞杂但是答案相对简单。在实际考试中经常穿插在情景对话中考察。

(1)常用词汇

make a reservation	预订
confirm a reservation	确认订位
cancel one's reservation	取消预订
first come, first serve	先到先服务原则
layover/stopover	中途停留
timetable	时刻表
fare	票价(交通费用)

toll	通行费、使用税
saver ticket	优惠票
open ticket	开放机票
one - way ticket	单程车票
round - trip ticket	往返票
airport tax	机场税
duty - free shop	免税店
excess charge	超重
vacant seat	空座
direct/non - stop flight	直达航班
connecting - flight	转机
book	预订
destination	目的地
E. T. D (estimated time of arrival)	预计起飞时间
E. T. A (estimated time of departure)	预计抵达时间

(2)常用句型

I'd like to book ______________?
I'd like to order ______________?
I'd like to ______________
What hours are you open ______________ ?
What time do you open / close ______________?

Passage 23

题目

You will hear people telephoning Intercontinental Airlines to ask about flights and to make reservations. Price and write the date that each passenger chooses.

IELTS 环球雅思 .com.cn

Days of Flights	Date of Flight	Price
Sacramento		
Su M Tu W Th F Sa	________	________
Mexico City		
Su M Tu W Th F Sa	________	________
Montreal		
Su M Tu W Th F Sa	________	________

答案

Sacramento:	Wednesday	$ 79
Mexico City:	Friday	$ 275
Montreal:	Saturday, Wednesday	$ 520

听力原文

A: Intercontinental Airlines.

B: Yes I'd like to book a flight from Los Angeles to Sacramento, please.

A: What day would you like to fly?

B: Do you fly there every day?

A: No, we only go there three times a week. On Monday, Wednesday, and Saturday.

B: I See. And how much is a one-way coach ticket?

A: It's a low $ 79 on our economy flight on Wednesday and $ 99 on Monday and Saturday.

B: Good. Well. I'd like a flight on Wednesday the twenty second, please.

A: Let me see if it's available... All right. That would be flight 35. It leaves at 11:00 A.M. and arrives in Sacramento at 12:15.

B: Flight 35 did you say?

A: Yes. Leaving Los Angeles at 11:00 A.M. Now I need to know. your name...

A: Intercontinental Airlines. Martha speaking. Can I help you?

B: Yes. I want to fly from Los Angeles to Mexico City. Please.

A: Mexico City. Well, we have four flights a week, Sunday, Tuesday, Thursday, and Friday.

B: How much is a one-way ticket?

A: Coach fare?

B: Yeah.

A: It's $275.

B: Good. Could you get me a ticket for Friday the fifteenth?

A: Let me check the computer. Yes we have plenty of seats on that flight. It's flight number IC 64. It leaves at 12 o'clock and arrives in Mexico City at 4:15 A.M.

B: That sounds fine.

A: Could I have your name, please...

A: Intercontinental Airlines.

B: Uh, do you fly to Montreal from Los Angeles?

A: Yes, we do, we have a flight on Wednesday and one on Saturday.

B: And how much is your cheapest round-trip ticket?

A: We have a special fare this month of only $520 if you fly on our earliest morning flight.

B: That sounds good. Well, I guess I'd like a flight on Saturday the fifth, coming back on, hmm, let's see, Wednesday the sixteenth. Is that possible?

A: Certainly. Just a moment, please. Your name, please?

B: My name is Peter Santos.

IELTS 环球雅思 .com.cn

A: Peter Santos. I've put you on flight IC 256, Mr. Santos. It leaves at 6:15$_{\text{A.M.}}$ on Saturday, September 5, and arrives in Montreal at 3:30$_{\text{P.M.}}$ Now your return flight...

词汇和短语

1. Coach 经济舱　民航飞机或火车乘客铺位的经济型 Coach fare/ticker 经济舱的价格　2. flight 飞行,飞机的航程,班机　3. fare 费用

Passage 24

题目

A.

TRAFFIC DEPARTMENT

Monday to Friday ___1___

Saturday ___2___

Sunday ___3___

B.

HAY'S BOOKSTORE

Monday to Friday ___4___

Saturday ___5___ Sunday ___6___

C.

SCIENCE MUSEUM

Monday to Friday ___7___

Saturday ___8___

Sunday ___9___

D.

TOWER RECORDS

Monday to Friday ___10___

Saturday ___11___

Sunday ___12___

答案 (1)8:00 to 2:00　(2)not open on the weekend　(3)not open on the weekend　(4) 10:00 to 9:30　(5)10:00 to 5:00 on the Saturday　(6)close

(7)9:00 to 5:00　(8)9:00 to 1:00 on the weekend　(9)9:00 to 1:00 on the weekend　(10)9:00 to 10:00　(11)9:00 to 10:00/the same time on the weekend　(12)9:00 to 10:00/the same time on the weekend

解题分析

◇ 以上四张表格考察了四个不同公共场所开放时间,答案主要以数字为主。所以在做题时一定注意背景文字中提到的 Monday to Friday,Saturday 和 Sunday 等路标词汇和数字的关系。

听力原文

A: Traffic Department.

B: Hello. I need to come in and take the test for my driver's license. What hours are you open, please?

A: Our downtown office is open from 8:00 to 2:00 and you can take the test anytime between 8:00 and 2:00.

B: And it isn't possible to do it on the weekend, is it?

A: No. I'm sorry. We don't do any testing on the weekends.

A: Hay's Bookstore. Good morning.

B: Yes, what time are you open till today, please?

A: We're open from 10:00 in the morning until 9:30 every weekday, Sir.

B: I see. I'd like to come in and pick up some books for children. You do sell children's books, don't you?

A: Of course, Sir.

B: Good. And in case I can't get in today, are you open on the weekends at all?

A: Yes ma'am. All our stores are open from 10:00 till 5:00 on Saturday, but we are closed on Sunday.

IELTS 环球雅思 .com.cn

B: Thank you. I'll try to get there today.

A: Science Museum.

B: Yes. I'm a teacher at Wesley High School, and I'd like to bring my class into the museum some time next week. I was wondering what would be a good time.

A: Certainly. Well we're open every day of the week. We open at 9:00 and close at 5:00. We are also open on the weekends, but from 9:00 A.M. to 1:00 P.M. Will this be a large group?

B: About twenty-five.

A: I'd suggest a weekday. Saturday is always a bit crowded.

B: All right. I think we'll come in on Tuesday then. Is that OK?

A: Tower Records. This is David. Can I help you?

B: Hello. What time do you close. please?

A: We close at 10:00 every day. And we open at 9:00 in the morning.

B: Oh, OK. and are you open on the weekends?

A: Same hours as on the weekdays.

B: Wow. you guys never take a break! I want to come in and have a look at your sale. Your sale is still on, isn't it?

A: Yes, it runs till the end of the month. But things are clearing out fast.

B: OK, I'll come down tonight. Thanks.

A: Thank you for calling.

Passage 25

题目

Listen to two phone calls to two movie theaters. Fill in the missing information.

The Manor Twin Cinemas

Squirrel Hill

__1__ Murray Avenue

421 - 1628

FIRSTBORN **with TERRI GARR**	**THE LITTLE DRUMMER GIRL** **with DIANE KEATON and** **KLAUS KINSKI**
Times: __2__ All tickets: $ ____ __3__ $ __4__ All other days	Times: __5__ All tickets: $ ____ __6__ $ __7__ All other days

Cinema World **Route 51 South** 653 - 0027

Year of the Dragon

Times: __8__ __9__ __10__ __11__ __12__

Tickets: $ __13__ 2:00 performance

$ __14__ All other performances

答案 (1)729 (2)7:45 —— 9:45 (3) $ 2 Monday and Tuesday (4) $ 5 (5)7:30——10:00 (6) $ 2 Monday and Tuesday (7) $ 5 (8)2:00 (9)4:30 (10)7:00 (11)9:30 (12)11:00 (13) $ 2 (14) $ 4.50

解题分析

◇ 这是关于电影院售票咨询的内容的文章，主要答案以数字为主。本题尤其注意数字在表达时间和货币时的用法。例如 $ 4.50 在文章中读成 four dollars and fifty cents。

◇ 注意不同地点的变化和电影名称的变化，这些固定的专有名词会暗示下一道题目的位置。例如在文章中提到 In Cinema one 和 Firstborn,

告知考生,该读2和3题的答案了。

听力原文

Hello. This is a recorded message from the Manor Twin Cinemas, located at 729 Murray Avenue in Squirrel Hill. Monday and Tuesday are our bargain nights. All seats are two dollars. Wednesday through Sunday, all seats are five dollars. In Cinema one we're pleased to present Firstborn, rated PG-13, a suspenseful drama starring Terri Garr. Show times this evening will be at 7:45 and 9:45. Don't miss *Firstborn*.

In Cinema two we're pleased to present Diane Keaton and Klaus Kinski in *The Little Drummer Girl*, *rated* R. Show times this evening will be 7:30 and 10 o'clock. Free parking is available at indoor garages on either side of the theater. Thank you for calling the Manor Twin Cinemas and have a nice day.

Rachel: Hello. Cinema World. Rachel speaking. Can I help you?

Caller: Yes. Can you tell me the times *Year of the Dragon* is playing today?

Rachel: The first show is at 2:00, then 4:30, 7:00, 9:30, and a late show at 11:00.

Caller: Nothing before two o'clock?

Rachel: No, I am afraid not.

Caller: And how much are the tickets?

Rachel: Two dollars for the two o'clock matinee and four dollars and fifty cents for the other performances.

Caller: Two dollars for the two o'clock show and $4.50 for the others. Right. Thank you very much.

Rachel: You're welcome and thank you for calling Cinema World.

词汇和短语

1 bargain 契约，合同，成交商品，便宜货，议价 2 suspenseful 悬疑的，令人紧张的 3 matinee 白天举行的音乐会 4 rated PG－13：电影分级的种类，是指13岁的儿童在家长陪同下可以观看的电影。

3.选择住所

选择住所很少单独作为一个独立的单元出现在听力考试的文章中，经常是出现在以校园为背景的对话当中。几个人讨论或是交流各自的生活状况尤其是讨论居住条件，或是和房东商谈租房事宜。还有就是根据广告寻找合适的出租房屋和日常费用的支出。经常考虑的因素有：详细地址、联系方式、联系人、交通状况、租金费用、住房规定、房屋类型、室内设施等内容。

(1)常用词汇

homestay	住在当地居民家中	dormitory	大学宿舍
flat	公寓	hostel	青年旅舍
landlord/lady	房东，房东太太	surroundings	环境
single room	单人间	double/twin bedroom	双人间
bed linen	床单和枕套	towel	毛巾
blanket	毯子	mattress	床垫
mat	席子	cushion	软垫，靠垫
bathroom	卫生间	shower	淋浴
kitchen	厨房	air－conditional	有空调设备的
heater	加热器	radiator	电暖气
shutters	百叶窗	central heating	暖气
balcony	阳台	facilities	设施
refrigerator	电冰箱	microwave oven	微波炉
rent	租金	utensil	器皿、用具
unfurnished	没有配备家俱的	furnished	配备家俱的

IELTS 环球雅思 .com.cn

(2)常用句型

<table>
<tr><td colspan="3">What's the rent?
How much is ________ ?
How much does ________ cost?
How much do people need for ________ ?
Rent costs approximately ________ .
The average water bill is ________.
Two people need at least ________ for ________.</td></tr>
<tr><td>Is
Are</td><td>there</td><td>a ________ ?
any ________?</td></tr>
<tr><td colspan="2">Does it have</td><td>a ________ ?
any ________ ?</td></tr>
<tr><td colspan="3">How many ________ are there?
When can I ________ ?
How about Monday?
Why don't you come on ________ ?</td></tr>
<tr><td colspan="3">Can I see ________ this week?
Sure. you can. No, I am afraid I can't this week.</td></tr>
</table>

√房屋出租

Passage 26

题目

Listen to Jeannie Campbell's conversation with a real estate agent. Write down the information she finds out.

Rent	$ 500
Floor	6th
Number of bedrooms	2
Number of bathrooms	1
What day she can see it	friday
Time	4:30 pm
Address	campbell 362 north dover

答案

Rent	$ 500
Floor	Sixth
Number of bedrooms	Two
Number of bathrooms	One
What day she can see it	Friday afternoon
Time	4:30
Address	362 North Dover

解题分析

◇ 租金多少、房间数目、所在楼层、厨房卫生间的数目、预约的时间和房间位置及地点都是考察的内容，而在题目本身中出现的路标词汇直接暗示答案在听力原文中的位置。在回答 bedrooms 的数目时，注意原文除了在开始时提到过答案，在提到卧室的数目时，正式的答案并未直接出现在文章中。而是分别讲了两个房间的大小和用途，所以答案是 Two 而不是 One。

听力原文

Ben Richards：Good morning. Tannenbaum and Minsk. Ben Richards speaking.

Jeannie Campbell：Hello. I'm calling about the two-bedroom apartment advertised in today's *Daily News*. Is it still available?

Ben：Uh. Yes，it is.

Jeannie：What's the rent?

Ben：$500 a month including heat and hot water.

Jeannie：And what floor is the apartment on?

Ben：The sixth.

Jeannie：The sixth. That's good. Are the bedrooms a good size?

Ben：One bedroom is very large. The other one is much smaller，good for a child，if you have one.

Jeannie：Oh no. The apartment is just for my husband and myself. Tell me，is the second bedroom large enough for an office?

Ben：Yes，I think so.

Jeannie：And are there two bathrooms?

Ben：I'm afraid not.

Jeannie：Hmm. Only one bathroom. That's a problem. Uh. Well，I'd like to see it anyway. Can we see the apartment this week?

Ben：How about Friday afternoon?

Jeannie：Friday afternoon? Uh... Friday afternoon? Yes，that's fine

Ben：What time is best?

Jeannie：As late as possible.

Ben：Let me see... how about 4:30?

Jeannie：That's fine.

Ben：All right then，I'll see you on Friday at 4:30. What is your name，please?

Jeannie: Sure, it's Jeannie Campbell. C A M P B E L L.

Ben: Okay, Mrs. Campbell. I'll expect you at 4:30 then.

Jeannie: Oh. Before you hang up. What is the address?

Ben: Oh. You're right. I didn't give it to you, did I? The address is 362 North Dover. That's D O V E R. It's a few blocks past the high school. You can't miss it.

Jeannie: 362 North Dover. Got it. Well see you on Friday. Good－bye.

Ben: Good－bye

词汇和短语

1 advertise 做广告，登广告　2 hang up 挂断，拖延，把...挂起来

√日常支出费用

Passage 27

题目

Rent	585
Electricity	35.12　marry Simpsum
Phone	22
Water	10
Food	250
Heat	40.16
Entertainment (Movie, Restaurant)	8、45、7 = 60
Car (Gas, Insurance)	90、83
Total	173　11

答案

Rent	$ 575
Electrictity	$ 35.12
Phone	$ 22
Water	$ 10
Food	$ 250
Heat	$ 48.16
Entertainment (Movie, Restaurant)	$ 60
Car (Gas, Insurance)	$ 173
Total	$ 1 173.28

解题分析

◇ 文章是关于日常的生活消费的内容。每一项支出都有相对的名目与之对应,所以要注意 Rent,Electricity,Phone,Water,Food,Heat,Entertainment,Movie, Restaurant,Car,Gas, Insurance 等词在文章中的位置以及相关的数字。无论是房屋出租各项费用调查还是日常生活消费统计,要注意区分调查的不同类别和内容。

听力原文

Susan: Jack, are there more bills to pay?

Jack: Just two, the electric and the rent.

Susan: All right, I should make the electric bill out to City Electric, right?

Jack: Yeah.

Susan: And what's the date today? November 8th?

Jack: That's right.

Susan: How much is the bill?

Jack：Let's see. Total amount due：35 dollars and 12 cents.

Susan：$35.12, and for nothing!

Jack：Just write the check. Don't complain! And the second check is for 500 and 75 dollars.

Susan：Hold on. I'm not finished with the check to City Electric.

Jack：Boy, are you slow!

Susan：Okay, okay, you said the rent is 500 and 55?

Jack：No, I said 500 and 75. What, you still don't know how much rent we pay!

Susan：Just tell me who I make the check out to.

Jack：Mary Simpson.

Susan：How do you spell Simpson?

Jack：What a good speller you are! S I M P S O N.

Susan：Okay. Mary Simpson. 575 dollars. Is that it for the month?

Jack：Yeah, that's it. But let's go over our budget. We never have enough money these days.

Susan：Okay. There's 500 and 75 for rent and this month 35 dollars and 12 cents for electricity. What else?

Jack：Let's see. Uh. 22 for the phone, 10 dollars for water.

Susan：And how much did we spend for food?

Jack：Wait, let me add it up. 250.

Susan：That's a lot. We have to cut down. And how much was the gas for heat?

Jack：48 dollars and 16 cents. Uh. And let's add up how much we spent for entertainment.

Susan：8 dollars for the movies and, hmm, 45 when we took your mother out for dinner, and ... uh ... another 7 for your ticket to the baseball game. That makes ... uh ... 60 dollars.

Jack：Is that everything?

Susan: Yeah. Oh, no. We forgot the car. 90 dollars for gas and 83 for insurance. That makes a total of ... let's see ... 173 dollars total for the car. That's it.

Jack: Do you want to total it up, or should I?

Susan: Be my guest.

Jack: Incredible!

Susan: Well, what is it? What's the bad news?

Jack: 1 173 dollars and 28 cents. We have to cut down!

Susan: You're not kidding! Maybe if we ...

4. 餐饮消费

外出就餐点菜、订餐是听力考试的常考内容。主要考察的内容有复杂陌生的食品名称和不同中餐的用餐形式或是就餐地点以及相关的价格。其中食品的名称是经常干扰考生判断答案的因素。注意区分不同的事物名称和价格。

(1)饮食词汇

appetizer	开胃品	soup	汤
dinner	正餐	salad	沙拉
dessert	甜点	tea or coffee	茶或咖啡
restaurant	餐馆	dining - hall	餐厅
canteen	食堂	buffet	自助餐
café	小餐馆(不供酒水)	cafeteria(self - service)	自助食堂
Pub	酒吧	a là carte	逐道点菜
regular dinner	套餐	drive - in	路边餐馆
bakery	面包店	pizzeria	比萨饼店
snack bar	小吃店	tavern	客栈

(2)常用句型

Are you ready to	order?
May I take your	

续表

<table>
<tr><td colspan="3">What would you like to ____________ ?
Would you like anything ____________ ?</td></tr>
<tr><td colspan="2">A pizza burger is</td><td>a hamburger with tomato sauce and cheese.
made with tomato sauce and cheese.</td></tr>
<tr><td rowspan="3">It's</td><td>a little</td><td rowspan="3">spicy.</td></tr>
<tr><td>not too</td></tr>
<tr><td>very</td></tr>
<tr><td colspan="3">It's very good.
You'll like it very much.</td></tr>
</table>

Passage 28

题目

Listen to the tape and complete the notes.

	Kind of Food	Food Chesen	Drink
Betty	__1__	__2__ A Hamburger and __3__	__4__
Juan		Tuan __5__ Platte	__6__

答案 (1)Regular (2)Chicken rice (3)French Fries (4)Iced tea (5)Fish Salad (6)Coffee

解题分析

◇ 在关于就餐及饮食的对话中，表示食物名称的专有名词既是路标也是干扰信息。当听力原文中出现多个食品的名称时,考生不要翻译原文中的食品名称,只要依据发音写出相对应的词汇即可。在本题中注意两位客人点菜的内容不一样,题目先后顺序也有所不同。

听力原文

Waiter: Good afternoon. Are you ready to order?

Juan: Yes, I think so. Betty, what will you have?

Betty: I think I'll start off with a cup of soup. What kind of soup do you have today?

Waiter: Clam chowder and chicken rice.

Betty: I'll have a cup of chicken rice.

Waiter: yes.

Betty: And a hamburger with French-fries.

Waiter: Deluxe or regular?

Betty: I think the regular will be fine.

Waiter: Anything to drink?

Betty: Uh, yes, iced tea.

Waiter: And you, sir?

Juan: Uh, ah yes, can you tell me what a pizza burger is?

Waiter: That's a hamburger covered with tomato sauce and mozzarella cheese.

Juan: No, I don't think so. That's not for me. How about a cold salad platter? What does the tuna fish salad platter come with?

Waiter: Lettuce, tomato, hard-boiled egg, cole slaw, and potato salad.

Juan: That sounds good. I'll have that.

Waiter: One tuna fish salad platter.

Juan: And a cup of coffee, please.

Waiter: A cup of coffee. Would you like any dessert? Ice cream? Chocolate cake? Apple pie?

Juan: No, thanks. Not for me.

Waiter: And you ma'am?

Betty: Uh, no. I don't think so.

Waiter: So that's a cup of soup, a hamburger and fries, a tuna fish salad platter, an iced tea, and a cup of coffee. Fine, thanks.

Betty: Oh yes, excuse me.

Waiter: yes?

Betty: Yes. Can we have some water, too?

Waiter: I'll get you some right away.

Betty: Thanks.

词汇和短语

deluxe 豪华的，华丽的

5. 娱乐消遣

娱乐消遣及个人爱好是以日常会话的形式出现在考试中，谈论的内容从体育运动如冲浪、滑雪、登山到个人兴趣如音乐欣赏、电影评论等话题无所不包。不仅需要考生对相关的词汇有所了解，还要熟悉某些文化背景知识，如关于电影的分级和分类等常识。

(1)爱好

①词汇

hobby	兴趣	taste	嗜好
be interested in	对……有兴趣	have a taste for	对……有兴趣
refined taste	高雅的品位	suit one's taste	符合某人的嗜好
man of versatile tastes	兴趣广泛的人	stamp collecting	集邮
music appreciation	音乐欣赏	hunting	打猎
baseball	棒球	tennis	网球

soccer	足球	swimming	游泳
horse - race	赛马	handicraft	手工艺
mountaineering	登山	cards	纸牌
mahjong	麻将	surfing	冲浪
skiing	滑雪	hitch - hike	搭便车旅行
hiking	徒步旅行	bag - packer	肩背大包自助旅行的人

②常用句型

<table>
<tr><td colspan="2">What kind of ____________ do you like ____________?
What is your favorite ____________?
Do you like ____________?
Everybody</td></tr>
<tr><td>Nobody
Almost
everybody</td><td>likes/dislikes</td></tr>
</table>

(2)消遣

①词汇

G:general	普及类
P.G. = parental guidance	父母指导
R = restrict	禁演
P.G - 13 = parental guidance age 13	13 岁儿童在父母指导下
N.C. = No Children	少儿不宜
guidance age 13	观看的影片
action movie/kungfu	动作片/工夫片
war movie	战争片
documentary	纪录片

science fiction movie	科幻片
sad movie/tearjerker	赚人泪水的影片
tragedy	悲剧
psycho movie	心理分析片
comedy	喜剧
thriller	悬念片
instruction film	教学片
cartoon movie	卡通片
animated movie	动画片
adventure film/story	惊险片
affectional film	言情片
biographical movie	传记片
costume film	古装片
cow-boy film	西部片
feature film	故事片
literary film	文艺片
silent film	无声电影

②常用句式：

Who's playing at the ___________?
Who's in it?
What's it about?
What times are the performances?
Why don't we watch ___________ instead?
I'd rather watch ___________ ?
What film have you seen recently?
When did you see it?

Passage 29

题目

What does Peter like doing? What does Sarah like doing? Write P for Peter, and write S for Sarah. P: Peter S: Sarah

__P__ 1, going for hikes in the country
__S__ 2, going to the beach
__P__ 3, going to the swimming pool
__P__ 4, playing sports
__S__ 5, going to concerts
__P__ 6, watching western movies

答案

__P__ 1, going for hikes in the country
__S__ 2, going to the beach
__P__ 3, going to the swimming pool
__P__ 4, playing sports
__S__ 5, going to concerts
__P__ 6, watching western movies

解题分析

◇ 对话是以两个学生谈论各自的兴趣爱好为主要内容。内容相对简单,但是讨论的爱好从体育到电影,内容广泛。考生要留意两个人爱好的不同点和区分各自不喜欢做的事情。有的答案在听力原文中没有直接回答,而是以间接的方式暗示。如在谈到体育运动时,Peter 说自己喜欢 play tennis,这与题目中的 playing sports 选项相对应。而 Sarah 直接以 I am not really very athletic,即不太运动为理由直接地否定了 playing sports 这个选项。

听力原文

Peter：Well，Sarah，it's been really interesting talking to you. It'd be fun to get together sometime.

Sarah：I'd like that，Peter. What did you have in mind?

Peter：Well，let's see. What kind of things do you like doing? Do you ever go hiking? There are some great trails around here，you know.

Sarah：Well，no，I don't hike very much. But I do like getting out of the city when I can. You know what I really like? I like lying around in the sun doing nothing! I try to get to the beach as often as possible during the summer. Do you enjoy the beach?

Peter：No，I just go to a pool. There's a big pool close to where I live. It takes so long to get to the beach，and it's always so crowded on the weekends. Hmm，well——What sports do you play? I play tennis，do you?

Sarah：Well，er，I used to play tennis，but I don't play it anymore. I am not really very athletic，actually. I'm more into things like going to museums，concerts，and that kind of thing. Do you ever go to concerts? There are some good ones coming up.

Peter：No，not often really. But I go to the movies quite a lot.

Sarah：Do you? Me，too! What kind of movies do you like?

Peter：Oh，let's see. I like westerns with lots of action. Like old John Wayne movies，or Clint Eastwood movies. How about you?

Sarah：Hmm，no，I don't really like westerns. But I do like mysteries with a lot of action. Do you like mystery movies，you know，like spy stories?

Peter：Yeah，I love the James Bond films. There's one on in town. You know. Would you like to go? We could go tomorrow. Maybe.

Sarah：Yeah，I know the one. That sounds good. I'd like that.

Peter：Great，so we do share a few interests after all! Shall I pick you up

IELTS 环球雅思 .com.cn

around seven o'clock?

Sarah: Great! See you tomorrow!

Peter: OK!

Passage 30

题目

Listen to the movie reviews and answer questions:

	Rating	Type of Story
Wronged	(1)	(2)
When You Find Love	(3)	(4)
The Kid Rides Again	(5)	(6)

答案 (1)Excellent (2)A man who get a life sentence for a murder he did not commit (3)Poor (4)A boy meets girl, loses girl and gets girl again (5)Good (6)A young cowboy who stops the bad guys and helps the good guys.

解题分析

◇ 本文是关于电影的一篇评论,在第一段,提出文章的主题。后面三段里,分别对三部电影的内容、编导、演职人员的水平进行评论。从题目中可以看出,电影名称是主要的路标词汇。在1、3、5题中要求用Excellent、Good 、Poor 分别对三部电影进行评价,以第一部电影为例,文章中提到 The last of the three, Wronged, is definitely the best, in fact, one of the best films in a long time, 句子中两次提到 the best 与 Excellent 是同义词替换。所以 Excellent 就是最后答案。答案就出现在路标词汇 Wronged 的后面。第 2、4、6 题考的是电影内容简介，需要考生从听力原文中抓住主要内容并加以概括才能够得出答案。

听力原文

Good afternoon, everybody. This is Ronald Jaffe with this week's edition of movie talk. First, let's look at the films this week in area theaters: The Kid Rides Again, When You Find Love, and Wronged.

The last of the three, Wronged, is definitely the best, in fact, one of the best films in a long time, with Henry Michaelson and Joanne Seymour. It is about a man who gets a life sentence for a murder he did not commit. In the style of the films of the 40s and 50s, it is a modern story of a man and his wife, wonderfully played by Joanne Seymour. They fight to make people believe Thompson is the wrong man and not the killer. The strength of their love is wonderful even after Thompson has been in prison for 15 years. Of course, I won't tell you what happens after Thompson's 15 th year in prison. That would ruin the story. But if you see no other film, you should see this one. The story may be old, but the acting is great and it will hold your attention from beginning to end.

Unfortunately, I can't say the same for When You Find Love. Just another silly story about boy meets girl, boy loses girl, boy gets girl again, and they live happily ever after. Will Hollywood ever get tired of such stupid films? Set, on a New England college campus, the star of the movie, Tommy Seal, is a freshman. He meets the older, two years older, Stephanie Fall, played by Sally Evans. In real life she must be at least 30, not 20. Well, Billy, our hero, has a hard time with Stephanie. After all, he is so much younger. But they fall in love, in about a minute, as long as it takes to take a picture with a Polaroid. And they are both so happy, in true paradise, until, that is, until Buck, the star football player, played by Ronco Star, the only good acting in the film, steals Stephanie away from poor Billy. He is, after all, a senior and football star. And the rest of the film is about, naturally, how Billy gets Stephanie back, making her remember their love. He shows her that he and not Buck is the man for her. Well, if you can stand a stupid story and bad acting, then take your 8-year-old child to see When You Find Love. Anyone older will leave the theater before the movie ends.

And finally, The Kid Rides Again, a western about a young cowboy, Kit Barnes, who stops the bad guys, the robbers, killers, and plain old bullies, and helps the good guys. Kit is fast with a gun, and never once in this cowboy. Kit is the cowboy who never stays in one place for a very long time, who leads a lonely but very free life. Nothing new on the story line but a good classic-style western with good acting. Peter Sells as Kit catches just the right mood. He's an excellent and natural cowboy. There are beautiful scenes of the open country in the west and enough action to hold your interest. A good cowboy film for those who, like me, always enjoy seeing the old west. And now, before we go on news from Hollywood, a word from our sponsor.

词汇及短语

get tired of 厌倦
fall in love 相爱
hold one's attention 吸引某人的注意力
bully 欺凌弱小者
commit 犯(错误), 干(坏事)
sponsor 发起人, 主办者, 保证人, 主办人
definitely 明确地, 干脆地

6. 外出购物

庆祝朋友过生日、乔迁之喜购买礼物、外出购买日常生活用品都是购物场景经常考察的内容。在购物的场景中会考到所购买物品的不同特征。选择的原因、物品的优缺点和价格等内容。通常将几种同类物品放在一起考察,要求考生辨别干扰信息从中挑选正确的答案。

(1)常用词汇

shopping mall	购物中心	department stores	百货商店
free parking lot	免费停车场	movie theatre	电影院
dime store	廉价商店	five and ten	廉价商店
general store	杂货店	mail - order store	邮购商店
shop assistant	售货员	counter	柜台

(2)常用句式

I am looking for ____________ ?
Do you have anything on sale?
I'd like to have a ____________
Would you please show me ____________ over there?
Do you have ____________ ?
How much is ____________ ?
How about that ____________ ?

Passage 31

题目

Completes the table below.

Type of tape recorder	Advantage	Disadvantage	Price
Musikod	AM/FM	1	$ 89.99
Panasound	2	heavy	$ 75.00
Sonics walkman	Good sound	3	——
Goodnote	Good size	4	$ 59.50
A.C.E.	Stereo	5	$ 64.99
Supersound	Stereo and radio	——	6

答案 (1) expensive (2) radio and stereo (3) headphones (4) no stereo (5) no radio (6) $74.99

解题分析

◇ 购物的对话中经常会提到多种不同的物品,物品名称、价格以及各自的特征是考察的核心内容。留意听力原文中提到关于这些内容的信息,通过区分不同点来判断答案。原文中提到 Musikod、Panasound 等六种不同型号和功能的录音机,考生必须准确地区分每种型号录音机的特点和价格。图表中提供的已知的背景文字,也表明了各款机型的部分特征,是暗示答案的路标词汇。例如在第 1 题中提供的已知条件有录音机的品牌是 Musikod、优点是有 AM/FM、价格是 $89.99,根据这些已知信息,考生就可以容易地在原文中找到答案 expensive。所以上下文和背景文字提供的信息是确定答案位置的重要路标。

听力原文

A salesman is helping Terry to buy a tape recorder. He doesn't like some of the tape recorders he looks at. What is wrong with them? What does Terry say about each tape recorder?

SALESMAN: Can I help you?

TERRY: Yes, I'm looking for a cassette tape recorder. Do you have anything on sale?

SALESMAN: Mmm ... well, let me see. How about this Musikod? It's stereo and has AM/FM radio. It's on sale for only $89.99.

TERRY: Eighty - nine ninety - nine. No, that's a little too expensive. I didn't really want to spend more than about $75. I can get something for $75, can't I?

SALESMAN: Seventy - five dollars. Hmmm, yes, I think so. Well, we have this Panasound. We have a special on it this week. It's a very good tape recorder and it has a radio, too. And it's also stereo.

TERRY: Well, it looks very heavy. I want something smaller than that.

SALESMAN: Mmm. Too big, huh? Are you interested in a really small one? Take a look at this little Sonics Walkman. The sound is really good. You put on these little headphones, and you can take it anywhere.

TERRY: Oh, yes. I know Sonics are good, but you have to have the headphones on, don't you? I mean you need the headphones to listen to it, right?

SALESMAN: That's right.

TERRY: No, I don't want that kind. I want to be able to use it without headphones also. I want to be able to listen to it at home with my kids, you see.

SALESMAN: Mmm, I see. And you only want to spend about $80, hmm? Well, this Goodnote is only $59.50. that's a good price.

TERRY: Fifty-nine fifty?

SALESMAN: That's right.

TERRY: Aha. Well, it's certainly about the size I was looking for. And it's stereo?

SALESMAN: No, no, it isn't stereo, actually, but it does have a very good sound. Listen.

TERRY: Oh, no. I definitely want stereo if I'm paying this much money.

SALESMAN: Hmm, this much money, yes. Ok , Oh, I think I know one that might be just what you're looking for. We have an A. C. E. on sale this week for 64.99. The A. C. E. is very popular. It's a good size, and it's stereo.

TERRY: Great! Oh, but it doesn't have a radio, does it? You see I'd like to be able to listen to the news.

SALESMAN: Mm. Well, I guess the A.C.E. isn't quite what you want then. Well, this Supersound might interest you. It's on sale too, and it's, uh, let's see, only ... $74.99.

TERRY: All right! And it is stereo, right?

SALESMAN: Oh, yes. It is stereo. And it has a radio, too.

TERRY: Perfect. I'll take the Supersound then.

SALESMAN: Great. Will this be cash or charge?

TERRY: Can I give you a check? Oh! Oh gosh! I ... I don't seem to have brought my checkbook with me! I wonder ...

SALESMAN: You don't have your checkbook, huh.

TERRY: Well, no, I, I don't think so. No, it seems I don't. Umm, do you think you could just, uh, hold it for me, just until tomorrow....

词汇和短语

charge 赊帐

7. 银行交易

银行交易的场景中主要以银行提供的服务项目为主，包括开户头、存款、提款、货币兑换等信息，内容生活化但是相对用语比较专业化。

(1)常用词汇

deposit account	定期存款帐户	current account	活期存款帐户
savings account	储蓄帐户	checking account	活期存款帐户
joint account	联名帐户	expense account	公款支付帐户
chequebook	支票簿	money order	汇票
withdraw	提款	deposit	存款
loan	贷款	mortgage	抵押
downpay	首期付款	balance	余额
interest	利息	overdraft	透支
cashier	收银员	cash register	收银机
teller	银行职员	accountant	会计
statement	对帐单	A. T. M.	自动柜员机

(2)常用句式

I'd like to open a ____________ account.

I'd like to check the present balance in ____________ account.

I'd like to apply for a personal loan.
I'd like to exchange(兑换) ____________ for ____________.
What's the current interest rate?
How would you like to receive your change(零钱)?

Passage 32

题目

Complete the notes

Banks And Other Services

Savings Account

If you went to a bank to open a savings account, you have to fill out __1__.

You would be able to get a passbook in which your __2__ would be recorded. The passbook contains an actual record of all __3__ made and the exact amount of savings you have at any time.

Interest Rate

The interest rate ranges from __4__ to __5__ percent. The majority of banks pay semiannually, that is, every __6__.

Traveler's Checks

Two main advantages of traveler's checks are __7__ and __8__.

You are asked to sign each check at the bottom when you cash the check. The bank charges __9__ of the amount of the bank for this service.

Credit Card:

It is a convenient way to pay __10__ and other expenses by credit card.

答案 (1)a signature card (2)initial deposit (3)transactions (4)$4\frac{1}{2}$ (5)6 (6)six months (7)safe (8)convenient (9)1%;(10)hotel bills

解题分析

◇ 本文是一篇介绍银行服务内容的文章，题目中将银行提供的各项服务名称作为小标题分类列出，根据原文内容和空格前后出现的词性可以预测出答案的内容。如 fill out 是填表格的意思，后面的空格显然要求填写某种表格或卡片的名称。所以答案应该是 a signature card. 此外，第 7、8、10 题在答案附近出现连词 and，表示前后的内容是并列关系，词性一致。

听力原文

A modern bank provides many services other than checking accounts. One of the most important of these is regular passbook savings.

If you went to a bank to open a savings account, you would go through almost the same procedures followed in applying for a checking account. First, you would be asked to fill out a signature card. Then you would be given a passbook in which your initial deposit would be recorded. All deposits and withdrawals from your account are entered into your passbook. This means that the passbook contains an actual record of all transactions made and that you know the exact amount of savings you have at any one time. With a regular passbook savings account, you would be able to withdraw money whenever you needed it. All you would have to do is fill out a withdrawal order and present it, along with your passbook, to the teller.

All banks pay interest on savings accounts. The interest rate varies from bank to bank, but the general range is from 4½ to 6 percent. Banks also pay interest at different times. But the majority of them pay semiannually —— that is, every six months. If you know that you could keep your money in the bank for a certain period of time. You could get a higher interest rate by buying a savings certificates. These certificates can be bought in amounts of $500 or more. The longer the term of the certificate —— the longer the bank can keep the money ——the higher the rate of interest paid. Short - time certificates are for three months. You can also buy certificate for periods of one or two years. When you buy a savings certificate, you sign a contract with the bank stating that you will not be able to get your money back until the date when the certificate is due.

Another important service that banks provide is traveler's checks. If you went on a vacation or traveled on business to another city or state, you would probably want to bring some traveler's checks along with you. They have two important advantages over cash. One is that your money is always safe. If the checks are lost or stolen, you can receive a refund for the total amount. Another is that they are more convenient. Many businesses are reluctant to cash personal checks on out - of - town banks. But with proper identification, you can readily cash traveler's checks almost anywhere in the United States or abroad. Every traveler's check has its own individual number. When you buy these checks (you must purchase at least $50 worth), the teller gives you a slip on which the number of every check recorded. A copy of this slip is kept by the bank, if the checks are lost or stolen, you can bring this slip to the bank and your money will be returned. Before you are given the checks, you are asked to sign each one of them at the top. When you cash the check, you must sign it again (in the presence of the person who is giving you the money) at the bottom. For this service, the bank charges 1 percent of the amount of the check.

One other important service is credit cards. Credit cards are a convenient way of paying hotel bills and other expenses. They can also be used for cash advances. If your credit is not good, the bank will not issue you a credit card. Of course, this information is kept confidential.

词汇和短语

1 procedure 程序，手续　　2 transaction 交易，事务，处理事务

3 semiannually 每半年　　4 refund 退还，偿还，归还，偿还额，退款

5 confidential 秘密的，机密的

二、教育场景

移民类和留学类在听力部分考试的题目是相同的，所以总会有一到两篇和教育方面的内容有关。包括学校课程设置及规定介绍、课程讨论、家庭作业分析、课堂演示、日常生活咨询等场景。考生在做题时要对国外大学的教育制度和授课方式等背景知识和词汇有所了解。

教育词汇

education	教育
kindergarten	幼儿园
graduate school	研究生院
day - care center	幼儿园(美)
university	综合性大学
nursery school	托儿所
open university	夜大、函大等
boarding school	寄宿学校
red brick university	红砖大学(工业革命前后成立的学校)
the selective	优选制
college	综合性学院
grammar school	文法学校
institute	研究所
technical school	技术学校
faculty	专门性学院
secondary modern school	普通中学
junior college	专科
private school	私立学校
report card	成绩单
high school	中学
blue - book	考卷
senior high school	高中

mid-semester test examination	期中考试
junior high school	初中
final-examination	期末考试
grammar school	文法学校
quiz	小测验
elementary school	小学
oral test	口试
primary school	小学
written test	笔试
grade school	小学
essay test	问答题形式
degree	学位
objective test	客观记分制度
diploma	毕业证
multiple-choice	多项选择
associate diploma	专科证书
matching-test	配对题
Bachelor	学士
Master	硕士
Doctor of Philosophy	博士

1.课程内容安排

Passage 33

题目

This is a list of homework assignments for a course in English literature. There are some mistakes in it. Listen to the professor of the course. Tick (✓) if the information is correct or make the appropriate changes. Some changes have been done for you.

IELTS 环球雅思 .com.cn

English 201 ——The Works of William Shakespeare *Homework Assignments*	
Week One, 9/18	Introduction to course. The life and times of William Shakespeare.
Week Two, 9/25	*Macbeth*, pages 1－78 ………………………… (1)
Week Three, 10/2	*Macbeth*, pages 1－78 ………………………… (2)
Week Four, 10/9	*Romeo and Juliet*, pages 1－85 ………………… (3)
Week Five, 10/16	*Romeo and Juliet*, pages 86－end ……………… (4)
Week Six, 10/23	*Midterm exam* ………………………………… (5)
Week Seven, 10/30	*Henry V*, pages 1－59 ………………………… (6)
Week Eight, 11/7	*Henry V*, 60－end ……………………………… (7)
Week Nine, 11/14	*Hamlet*, pages 1－69 ………………………… (8)
Week Ten, 11/28	*Hamlet*, 70－end ……………………………… (9)
Week Eleven, 12/5	Final exam

答案 (1)✓ (2)79－end (3)Henry V, pages 1－59 (4)Henry V, 60－end (5)✓ (6)Romeo and Juliet, pages 1－85 (7)Romeo and Juliet, pages 86－end (8)Hamlet, pages 1－93 (9)Hamlet, pages 94－end

解题分析

◇ 这是一篇关于校园生活的文章,任课老师对学生讲述本学期的课程安排。要求考生根据老师的介绍,修改课程表中的错误。在这个表格中,具体的上课时间是不变的,这些不变的信息就是最为明显的路标,需要更改调整的是上课的内容和具体的进度,即每次上课所讲的页码。例如第二题的答案为:79 - end。在文章中,考生可以听到 and week three, 79 to the end. 在这里,week three 既在题目中出现,也在原文中提到,是明显的路标词汇,后面就是答案。

听力原文

Good afternoon. My name is Sandra Clifton, and I am the teacher for this course on William Shakespeare. This is English Literature, 201, the Works of William Shakespeare. Now on your desks there is a list of the homework assignments for the course. Has everyone got one? Good. Before we begin talking about the life and times of William Shakespeare, I'd like to go over the homework assignments. Uh, there are one or two mistakes and a couple of changes.

Let's start at the beginning. The first week is okay. But for week two, please read pages 1 to 78 of Macbeth, not 1 to 55. Okay? Have you got that? For week two, then, read 1 to 78, and week three, 79 to the end. Now, uh, I'd also like to change the order of what you read. We're going to do Henry V before Romeo and Juliet and the midterm. So week four is Henry V, pages 1 to 59 and week five is Henry V, 60 to the end. Week six is the midterm exam. No change there. Week seven we'll do Romeo and Juliet, pages 1 to 85, and week eight, 86 to the end. On week nine, we begin the final work of the course, Hamlet. Please change pages 1 to 69 to pages 1 to 93. And for week ten, pages 94 to the end. And finally, the dates of the last two weeks are wrong. Thanksgiving is on November twenty-first; so there is no class then. The date for week ten is November 28 th and the date of week eleven, that's the week of the final exam, is December 5 th. Hmm.

Now let me to go through the changes again. Week two, Macbeth, 1to 78. Week three, 79 to the end. Weeks four and five, Henry V. Weeks seven and eight, Romeo and Juliet, same pages. Week nine, Hamlet, pages 1 to 93 and week ten, pages 94 to the end. Change the date for the tenth week to November 28 th and the date for the final exam to December 5 th. Okay? Any questions?

Yes?

2. 学校课程设置及学校规定介绍

Passage 34

题目

1, The date of registration is ____________

2, There are no classes on Tuesday and Thursday for ____________

3, The subjects taken in the advanced courses are ____________.

4, The tuition for one course from September 6th to December 22nd is ____________.

5, Can I work on my pronunciation in a language lab? ____________

答案 (1)August 30 (2)advanced students (3)advanced grammar/American literature/conversation (4)$ 350 (5)No language lab available

解题分析

◇ 这是学生和老师的对话问到课程的安排和学校的基础设施状况。从题目中可以推测出答案的词性,在题目中出现过的 date of registration, classes on Tuseday and Thursday, advanced course, work on writing, language lab 等短语都是暗示答案的路标词汇。并且原文中反复出现。

听力原文

Keiko: Excuse me

Secretary: Yes, can I help you?

Keiko: Yes, uh... I want to take an English course in September, and I need some information.

Secretary: Sure. Courses start on September 6th and finish tight before Christmas on December 22nd. Um... the advanced classes meet every Monday, Wednesday, and Friday, from 6 to 8 in the evening. Registration is one week before classes begin. So that's August 30.

Keiko: So, there are no classes on Tuesday and Thursday

Secretary: No, not for advanced students. Only Monday, Wednesday, and Friday.

Keiko: And the registration date is August the 30th?

Secretary: Yes, that's right.

Keiko: And how much is the tuition for one course from September 6th to December 22nd?

Secretary: It's 350 dollars. And if you want to continue in January, that will be another 350.

Keiko: 350 dollars. Hmm. Could you tell me what's in the advanced courses?

Secretary: Let me see. There's advanced grammar, American literature, and conversation.

Keiko: Is there any work on pronunciation?

Secretary: No, not any this level.

Keiko: How about writing? Is there anything on composition?

Secretary: Yes, they do some writing, but most of the work is on grammar, literature, and conversation.

Keiko: So, there's grammar, literature, conversation and some writing, I see. And just a few more questions. Do you have a language lab where I can work on my pronunciation? And what about videos and computers?

Secretary: Well, we don't have a language lab. The building's too small. But we do have video and we also have tape recorders in every room.

Keiko: And computers?

Secretary: No, none at present.

Keiko: I see. Well, thank you very much. You're very helpful.

Secretary: You're welcome. Good-bye.

Keiko: Good-bye.

三、工作场景

工作场景主要包括招聘启示、职业特征描述、具体工作介绍等内容。信息覆盖各行各业，涉及的方面包括公司简介、行业介绍、部门分工职责、个人工作经历介绍、薪金要求等。常以对话和新闻访谈的形式出现。

常用词汇

experienced	有经验的	benefits	保险金、补助金
position	职位	reference	资料
assistant	助手、助理	requirement	要求
salary	月薪	wage	(周)薪
training	培训	qualification	资格
full - time job	全职工作	part - time job	兼职工作

常用句式

Do you have to know how to ____________ ?

Do you have to ____________ ?

Do you have to be able to ____________ ?

Do you have any experience in ____________ ?

How long have you been a ____________ ?

What experience have you had?

What position are you applying for?

I can work as / serve as /act as ____________ .

1. 招聘启事

Passage 35

题目

You will hear four people telephoning about jobs. Which jobs do they talk about? Number the pictures 1 to 4.

A

B

C

D

		Type of work (Full－ time/Part －time)	Vacant position	Name	Telephone
C	1	weekend work (part)	sales people.	Mccartney	6435123
	2	full-time	waiter		

续表

		Type of work (Full－ time/Part －time)	Vacant position	Name	Telephone
	3				
	4				

答案

		Type of work (Full －time/Part －time)	Vacant position	Name	Telephone
C	1	part－time	salespeople	MCCARTNEY	6435123
D	2	full－time	waitress		
B	3	full－time	bartender	PETERS	
A	4	part－time	receptionist	HILTON	8760194

解题分析

◇ 四段对话介绍了四种工作的内容和时间，然后要求考生根据听到的对话与已知的图形相匹配。在对话 1 的原文中讲到 part－time 时，没有直接说明，通过 It's a weekend job 这句话可以推测出这是一份兼职工作。

听力原文

A. Power Record Store, Can I help you?

B. Yes, are you still looking for salespeople?

A. Yes, we are. It's a weekend job. Eight hours a day. Saturday and Sunday. Do you want to leave you name? The store manager will call you back later.

B. Sure. My name is Kevin McCartney. That's M－C－C－A－R－T－N－E－Y, and my telephone number's 6435123, when should I －

A. Ronny's Restaurant. Can I help you?

B. Yes, I am calling about your advertisement. Are you still looking for people?

A. Yes, we are.

B. Oh, good is it full-time work?

A. Yes, it is. It's Tuesday through Sunday. From five until about twelve. And we need someone as soon as possible.

B. OK. And how much do you pay?

A. It's $3.35 an hour, plus tips of course. Do you have any experience?

B. Oh, sure. I worked as a waiter at Chez Michel, and Tony's Steak House, and……

A. Jack's Watering hole

B. Oh, I'm calling about the ad. for a bartender. Is that still available?

A. Yes, it is. What kind of experience do you have?

B. Well, I've worked in a number of hotels and bars around town.

A. Fine. O.K., well, you'd be working nights, starting on Thursday, five or six days a week. Why don't you come in for an interview?

B. OK. My name's Phil Peters, that's P-E-T-E-R-S, and…

A. Queen's Hotel.

B. Hello, I am calling about the receptionist's job.

A. OK.

B. Is that a full-time job?

A. No, it's just a weekend job, three evenings a week. I think the hours are five to midnight. Why don't you leave your name and I'll ask the manager to call you back?

B. All right. My name's Dee Hilton, That's H-I-L-T-O-N, and my number's 8760194.

IELTS 环球雅思 .com.cn

2.职业特征描述

Passage 36

题目

You will hear an interview. Write a word or a short phrase to answer each of the questions below.

1, How long have you been a tour guide? ________

2, What do you like about your job? ________

3, What do you usually do when on duty? ________

4, Are there any special requirements for a tour guide? ________

5, How many foreign languages could she speak? ________

答案 (1)six years (2)to meet people from all over the world (3)take the tourists to the famous places in the city (4)take special courses in the history of the city (5)three languages

解题分析

◇ 文章是以访谈的形式进行的,被访者的职业是导游,从题目中所提到的相关信息里可以预测出访谈的主要内容涉及到从业时间、职业资格、工作内容、服务项目等方面。How long, like about your job, you usually do, special requirements, How many foreign languages 等在题目中出现的路标词汇,都直接或者间接地以同义词的形式出现在原文中,答案就在这些词汇前后较为明显的地方出现。同时从被访者对工作内容的描述,可以清晰的判断出导游这一职业的具体特征, meet people from all over the world, take the tourists to the famous places in the city, take special courses in the history of the city, speak three languages.这些具体的职业特征就是题目要求填写的答案.

听力原文

Interviewer: And when did you begin this sort of work?

Tour guide: Let's see now ... um. Yes, six years ago this March.

Interviewer: And you enjoy it?

Tour guide: Oh yes, very much. It is very tiring with long hours on the job, sometimes ... uh ... as much as 12 hours. Well uh, but it's exciting to meet people from all over the world. It really is.

Interviewer: What exactly do you do?

Tour guide: Well, I take tourists to the famous places in the city, tell them the history of the places, talk about why they're famous. But, uh, then there's the other side.

Interviewer: What do you mean?

Tour guide: Well, you know, when foreigners come to this country, things are very different. So, um, it is my job to give them advice, uh, help them with problems, and well, make them feel comfortable.

Interviewer: And what special qualifications are necessary?

Tour guide: Well, uh, they have to enjoy meeting new people. And they, well, they must take special courses in the history of the city and things like that.

Interviewer: And do they have to know foreign languages?

Tour guide: Yes, yes, that's a must. Otherwise, a tour company can use you only for the groups that speak English. And most of the tourists come from South America.

Interviewer: South America. I see. So they speak Spanish?

Tour guide: That's right, Spanish. But my company will hire only people who speak at least two foreign languages.

Interviewer: And you? How many languages do you speak?

Tour guide: Me? I speak three. Spanish, French, and Italian.

Interviewer：Three languages? Then I can see why your work is so easy for you.

3. 工作内容介绍

Passage 37

题目

Listen to the interviews. Fill in the chart

	Eleanor Lance		Lisa Alder	
Previous Experience Name of business Length of time	Marriott Inn 1	Olympia Diner 2	Tom's Restaurant 7	Alder's Supermarket
Type of work wanted Full Time Part Time	3		8	
Available Day Evening	4		9	
Transportation	5		10	
Starting Date	6		11	

答案 (1)3years (2)9months (3)full time (4)evening (5)by bus (6) right away (7)8months (8)part time (9)day (10)on foot (11)right away

解题分析

◇ 在应聘的过程中，需要了解即将工作的部门、上班时间、空缺职位、薪金要求甚至培训计划、福利待遇等具体与工作内容相关的信息。以本题为例，在表格中出现的黑体字 Previous Experience, Type of work wanted,Available ,Transportation 等词都是暗示答案的路标词汇,也是听力原文的主要线索,大多数答案都会在这些词汇附近出现。

听力原文

Al Martinez: Come in.

Eleanor Lance: Hello. I'm Eleanor Lance.

Al: Yes. Please, come in. Sit down. I'm Al Martinez, uh, owner and manager of the Grande Dining Restaurant. You're interested in a job here?

Eleanor: Yes, I am. I saw your ad. in this morning's paper, and decided to come and apply immediately.

Al: Yes. Good. Well, tell me, Miss, uh, Miss ...

Eleanor: Lance, Eleanor Lance.

Al: Yes. Sorry, Miss Lance. Tell me now, do you have any experience in the restaurant business?

Eleanor: Yes, a lot. I worked, uh, as a waitress for about 3 years at the Marriott Inn, and I also worked at the Olympia Diner at the same time for about, uh, let's see, about 9 months, yes. I was a cashier there.

Al: Uh-huh. I see. Well, what position are you applying for here?

Eleanor: Well, I want a waitress job, but I can also work as a cashier.

Al: Yes. Well, we are looking for waitresses, and you seem to have a lot of experience. We want waitresses with a lot of experience. Now, what about hours? Are you interested in full-time work or part-time work?

Eleanor: Well, I'm really interested in full time.

Al: I see. Well, we like to start our waitresses part time first and give them more hours slowly. However, you seem to have a lot of experience. Hmm. Well, let's see what we can do. Now we serve lunch and dinner, no breakfast. Can you work in the evenings?

Eleanor: Yes, I can. I can do both day and evening work, but I'd prefer evening work.

Al: Good. Okay then. Let's start with dinner four nights a week, and, uh, we'll go from there. Oh, by the way, Miss Lance, how will you be coming to work? By car? By bus?

Eleanor: Well, I don't have a car. I'll be coming by bus.

Al: Oh, I see. That'll be a problem if we, uh, if we need you right away.

Eleanor: I'll get here as soon as I can.

Al: Well, that's problem. Well, we'll see. Okay Miss Lance. We'll be in touch. Oh, and when could you start?

Eleanor: Oh, right away.

Al: That's good. Okay then, Miss Lance. I'll call you tomorrow and let you know. Thank you for coming.

Eleanor: Thank you. Good-bye.

Al: Good-bye.

Al: Come in.

Dean: Hello. Are you Mr. Martinez?

Al: Yes, I am. Please come in.

Dean: Thank you.

Al: Sit down, please. You're Ms.?

Jane: Jane Alder. I'm Bob Alder's daughter. He owns the supermarket just down the street.

Al: Oh yes. Of course I know him. We used to work together at a store years ago. How is your father?

Dean: Oh, he's fine, thank you.

Al: That's good. Well, did he tell you we're looking for waitress?

Dean; Well, no. I read your ad. in the paper, so I came over to apply.

Al: Well, that's good. What experience have you had?

Dean: Well, uh, I worked at Tom's Restaurant, the one on Broadway, for about 8 months, and then, well, I worked at my father's supermarket.

Al：Yes. But have you had any other working experience?

Dean：Well, no, but I learn very fast, and I was pretty good at Tom's Restaurant. They will give me a good reference.

Al：I see. Well, are you interested in full－time or part－time work?

Dean：Well, I'm thinking about part time, actually. A few hours a day. Maybe lunchtime.

Al：Well, we do serve lunch and dinner, maybe lunch to start, one or two days a week. Well. Can you work evenings?

Dean：Hmm But really, well, I go to school in the evenings and I also have to study. Working lunchtime really fits into my schedule, Mr. Martinez.

Al：Well, Miss. Alder, we'll see what we can do. Oh, by the way, how will you come to work?

Dean：Well, I live within walking distance, just two blocks away.

Al：Good, Then you can walk over with no problem if we call you at the last minute. That's good. Can you start right away?

Dean：Oh yes.

Al：I'll be in touch then.

Dean：Thanks very much, Mr. Martinez.

Al：Say hello to your father for me.

Dean：I will. Good－bye.

第五章　典型特征描述

www.IELTS.com.cn

第五章 典型特征描述

一、人物特征描述

人物特征描述在雅思考试中经常出现在对话中，如介绍家庭成员、老师朋友、寻人启示甚至是通缉令等场景中。人物特征描述包括对人物的身高、相貌、体态、发型样式、头发颜色、穿着打扮等进行系统的描述，因而特征比较明显。在考试中所讲述的特征往往不止一点，只要抓住其中主要的内容就可以做对答案。

1. 人物特征描述常用的词汇

medium build	中等体格
average height	中等身材
slim	苗条
fat	胖
long angular face	长方脸型
pointed nose	大鼻子
moustache	小胡子
beard	落腮胡须
scar	疤痕
cheek	面颊
bald	秃顶
stout	敦实
frizzy	卷发
curly	卷发
silky	绸缎般的(头发)

IELTS 环球雅思 .com.cn

gray	灰色
blond	金发男士
blonde	金发女郎
cheerful	快乐的
milky	光滑(指皮肤)
ponytail	马尾辫
attractive	具有吸引力的(面貌)
side parting	斜分
pigtail	辫子
tie one's hair up in a loose bun	将头发系成一个松的发髻
wear one's hair loose shoulder－length hair	头发松散齐肩短发

2. 人物特征描述常用句型

<table>
<tr><td>she has</td><td>short
long
medium－length</td><td>straight
wavy
curly</td><td>brown
black
blonde
gray
red</td><td>hair</td></tr>
<tr><td colspan="5">He is bald.</td></tr>
<tr><td>He has</td><td colspan="2">brown
hazel（栗色的） eyes
blue</td><td>He is</td><td>thin
medium build
a little fat
slim/stout</td></tr>
<tr><td rowspan="3">He is 6 feet 5

She is</td><td rowspan="3">inches tall.
short
pretty tall
average height
tall</td><td colspan="2">She weighs about</td><td>120 pounds.</td></tr>
<tr><td colspan="2">He wears
He is wearing</td><td>glasses</td></tr>
<tr><td colspan="2">He has a</td><td>mustache
beard</td></tr>
</table>

Passage 38

题目

Mr. Day and Ms. Mendoza work in a hotel. Today they interviewed four people for the job of hotel receptionist. They are talking about each person. Mark what they liked (√)or did not like (×)about each person.

	Intelligence	Appearance	Personality	Voice
Frank				
Barbara				
David				
Lois				

答案

	Intelligence	Appearance	Personality	Voice
Frank	√	×	√	√
Barbara	√	√	×	√
David	√	√	√	√
Lois	×	×	×	×

解题分析

◇人物特征描述既包括外貌特征也包括性格特征描述,本文对话是讨论四个人的外貌和性格特征的文章。

◇要注意区分讨论对象的身份,也就是说,这四个人分别是谁。可以从姓名、职业、称谓上加以区分,以免混淆各自的特征。

◇人物特征描述的题目要抓住人物的年龄、相貌、体态等典型的形容词,这些词汇在文章中会反复得到确认。在对话问答的题目中,可以注意到有时某些特征甚至是答案会出现在问句当中。例如:在提到 David Wallace 时,MR. Day 提到 He had a very pleasant voice 后面 Mr. Mendoza 表示赞同。在问答的对话中,经常是前者已经给出了部分答案,在回答中只是将这一答案得到进一步确认而已。题目除了填空的形式,还有就是根据描述勾画对应的图片。只要抓住人物的主要特征描述,无论是填空题还是图形题,即给出几个人物的图片让考生通过听到的描述特征加以辨认,都会轻而一举的得出答案。

听力原文

Ms. MENDOZA: OK. That's it. Now. we have to make a decision. We might as well do that now, don't you think?

Mr. DAY: Sure. Let's see. First we saw Frank Brizinski. What did you think of him?

MS. MENDOZA: Mmm. Frank. Well, he's certainly a very polite young man.

MR. DAY: Yes. And very relaxed, too. That's important.

Ms. MENDOZA: But his appearance!

Mr. DAY: Ummm. He wasn't well dressed at all, was he? He wasn't even wearing a tie!

Ms. MENDOZA: But he did have a nice voice. He'd sound good on the telephone.

Mr. DAY: True. And I thought he seemed very intelligent. He answered all our questions very well.

Mr. MENDOZA: That's true. But dressing well is important. Well, let's think about the others. Now. what about Barbara Jones? She had a nice voice, too. She'd sound good on the telephone, and she was well -

dressed, too. What did you think of her?

Mr. DAY: Mmmm. She did look very neat. Very nicely dressed. But...

Ms. MENDOZA: But so shy! She wouldn't be very good at talking to people at the front desk, would she?

Mr. DAY: No. That's really my worry about her. But she seemed pretty smart, I thought.

Ms. MENDOZA: Yes, yes, she did seem intelligent. But so nervous. So uncomfortable.

Mr. DAY: Ummm. OK. Now, who was next? Ah, yes. David Wallace. I thought he was very good, had a lot of potential. What about you?

Ms. MENDOZA: Mmm. He seemed like a very bright guy, didn't you think? He dressed very nicely, too, and he had a really nice appearance.

Mr. DAY: Ummm. And what about his personality? He seemed relaxed to me – the type of person, people feel comfortable with right away. I guess I was pretty impressed by him.

Ms. MENDOZA: Yes, I was too. He was polite, but also very friendly and relaxed, as you say. I think he'd be very good with the guests at the front desk, don't you?

Mr. DAY: Yes, I do. He had a very pleasant voice, too.

Ms. MENDOZA: That's right. Well, was there anyone else? Oh yeah, Lois Johnson. I really didn't think very much of her. She was too quiet. She hardly said a word.

Mr. DAY: That's right. And when she did speak. I could hardly hear a word she was saying, she spoke so quietly!

Ms. MENDOZA: Yeah. She was polite enough. I suppose... But another thing. She wasn't very well dressed for an interview. I'm not sure she would know how to dress for the job.

Mr. DAY: I agree. And she didn't seem to understand half of our questions, either. She certainly gave some very strange answers when she did answer!

Ms. MENDOZA: Ummm. OK. Good. I guess we have our receptionist, then. don't you?

Mr. DAY: Yes, I think so. We'll just offer the job to...

词汇和短语:

1. might as well do something 最好,做某事到也无妨
2. don't think much of somebody 对某人印象不太好
3. potential 潜力

Passage 39

题目

Listen to the telephone conversation between Donna and Ron. Ron is going to pick Donna up to take her to a party. She has never met Ron before. He gives her a description of himself. Which of these pictures is a picture of Ron?

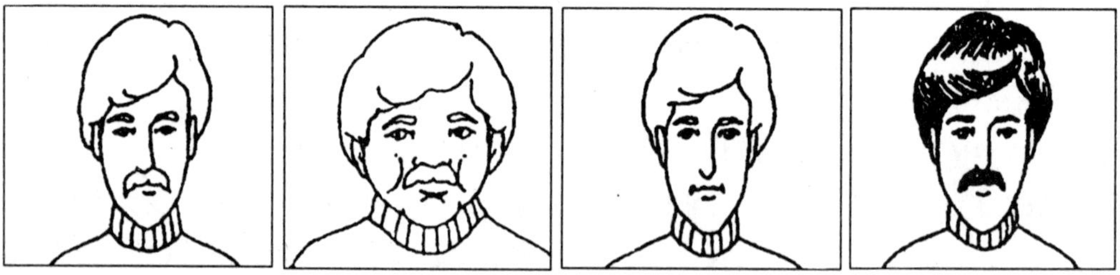

A B C D

Donna: Hello.

Ron: Hello. Is that Donna?

Donna: Who's this?

Ron: My name is Ron. I'll be taking you to the party tonight.

Donna: Why, has something happened to Frank?

Ron: No, no. It's just that Frank won't have time to take you to the party.

So I will instead.

Donna: You sure that won't be too much trouble for you?

Ron: No, no trouble.

Donna: Shall we meet at the same time and place?

Ron: Yeah. At 6:30 on the corner of 53rd and Arlington. Right?

Donna: Right.

Ron: Okay, see you then.

Donna: No, wait. How will I recognize you?

Bon: Well, I'm tall and thin – the man of your dreams.

Donna: No, seriously.

Ron: I'm about 6 feet and thin. I have blond hair, blue eyes, and a moustache. And let's see. I'll be wearing a brown jacket and jeans. And don't worry. I'll recognize you. Frank has shown me your picture at least 30 times.

Donna: Okay, Ron. See you then at 6:30.

Ron: Looking forward to it. Bye – bye.

Donna: Bye.

答案 A

解题分析

◇Ron 的外貌主要有以下几个特征，thin、blond hair 、a mustache。所以从 thin 一词就可以将 B 排除掉，通过 blond hair 这一特征可以否定 D，在 A 和 C 中，C 没有 a mustache。所以只有 A 是正确的答案。

二、地点环境特征描述

听力考试中出现的场景大多数情况下是情景对话，其中就包括确定具体地点特征的方位题。要求考生根据听力原文中提到的线索和特征在题目里的地图中标注出相应的未知地点名称，在题目中出现的背景文字和代表地点名称的词汇是指示答案的重要路标词汇。

常用词汇

double decker bus	双层公共汽车	coach, motor coach	长途汽车
trolleybus	无轨电车	tramcar, streetcar	有轨电车
tube/subway	地铁	intersection	十字路口
shortcut	捷径	roundabout	绕远的
in the wrong direction	走错方向	on the right / left	在右边/左边
on the other side	在另一边	opposite to	在　对面

常用句式

<table>
<tr><td colspan="6">Where's ________ ?</td></tr>
<tr><td>It's</td><td colspan="5">on ________ Street.</td></tr>
<tr><td></td><td colspan="5">on the corner of ________ and ________</td></tr>
<tr><td></td><td colspan="5">between ________ and ________.</td></tr>
<tr><td></td><td colspan="5">across the street from ________</td></tr>
<tr><td></td><td colspan="5">next to ________</td></tr>
<tr><td></td><td colspan="5">near ________</td></tr>
<tr><td>Go</td><td>up
down</td><td>this street</td><td>Turn</td><td>left
right</td><td>at Walnut Street</td></tr>
<tr><td colspan="2">Go straight until you come to</td><td colspan="4">Westside Highway.
the first traffic light
a library.</td></tr>
<tr><td colspan="2">Cross the street.

It's the first building on</td><td>the
your</td><td colspan="3">left</td></tr>
</table>

方位题是听力考试中常见的题型。题目中会给考生一张表示方位的平面图，要求考生根据磁带中听到的内容和题目中给出的标志性建筑，按图索骥标

注出所需要找的地点。

方位题的解题方法

(1)确定出发点,即从方位图的哪个部位开始;

(2)仔细阅读图形上标注的背景文字或是标志性建筑;

(3)注意是否提供上北下南左西右东的方向标;

(4)根据磁带中提到的标志性建筑确定答案。

Passage 40

题目

Look at the street map. Mrs Rivera is new in Pleasantville. Her neighbor, Mrs. O'Malley, is telling her the location of these six places:

hotel	police station	restaurant
movie theater	post office	supermarket

Listen to their conversation. Write the places in the appropriate boxes.

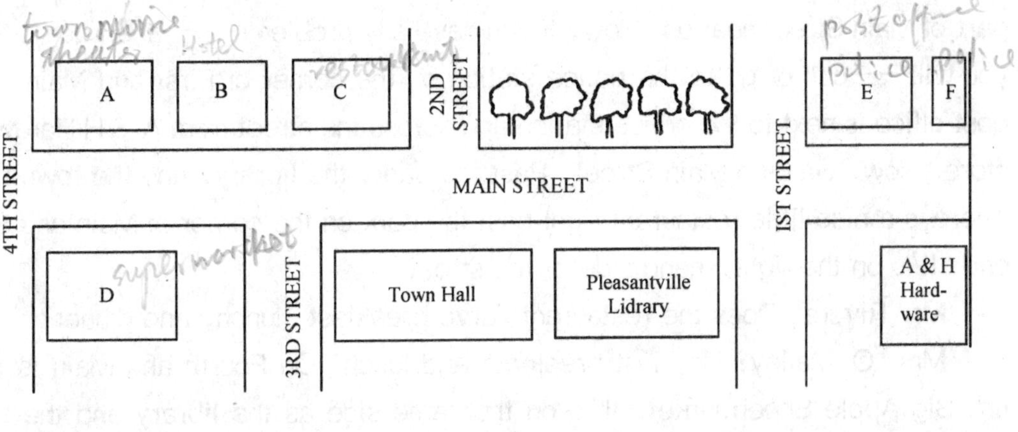

答案 A Town Movie Theater　B Hotel　C Restaurant

D Supermarket　E Police Station　F Post Office

解题分析

◇方位题并非考试中的难点,但也不是很容易得分的项目。首先要注意路口拐弯处的变化是左转、右转还是一直向前走。其次就是留意图中所提供的背景文字信息，如 Pleasantville，library，A &H Hardware store 等词汇。再有就是 Main Street，Fourth 和 on the corner，on the same side 一类表示具体方位的词汇，依据这些词汇可以直接找到答案。

听力原文

Mrs. O'Malley: Good morning , Mr. Rivera.

Mr. Rivera: Good morning.

Mrs. O'Malley: Are you and your family settled in now?

Mr. Rivera: Yes, finally, Thank you.

Mrs O'Malley: And how do you like Pleasantville?

Mr. Rivera: It seems very nice and quiet. I want to find out where things are in the town.

Mrs. O'Malley: Well, that's not difficult in Pleasantville. You can see everything on one walk down Main Street. Let me tell you what you'll find on the part of Main Street near us. Now, if you have any problems ——and I don't think you will——call or go to the police station on the corner of First and Main. The post office is next to the police station and across the street from A & H Hardware store. Now, walk up Main Street, Past the park, the library, and the town hall. There's a nice little restaurant right past the park on the corner of Main and Second. It's on the right - hand side of the street.

Mr. Rivera: Does the restaurant serve breakfast, lunch, and dinner?

Mrs. O'Malley: No, just breakfast and lunch. On Fourth and Main is the, uh, Big Apple Supermarket, It's on the same side as the library and the town hall. It's a pretty big store and it has just about everything.

Mr. Rivera: Uh, good.

Mrs. O'Malley: The Town Movie Theater is right across the street from the supermarket, on the left, no, on the right - hand corner of Fourth and Main as you come Hmm, as you come from the park. Uh. Let's see. Uh. Is there anything else on Main before Fourth Oh yes , there's that lovely little hotel. It's between the restaurant and the movie theater, you can't miss it. It's a lovely little hotel with lots of gorgeous flowers in front. Now if you continue down Main...

Mr. Rivera: Excuse me , Mrs. O'Malley. You are very kind and helpful but I have to go. I have something on the stove.

Mrs. O'Malley : Well, I see. Just remember, if you need anything, don't hesitate to let me know.

Mr. Rivera: I'll be sure to. Thanks.

第六章 模拟试题

www.IELTS.com.cn

第六章 模拟试题

Test 1

Listening Section

SECTION 1 **Questions *1 – 10***

Questions 1 – 4

Circle the correct letters A – C

Example:
The respondent is:
A 23 – 33 years old
B 34 – 53 years old
C over 54 years old Answer: B

1 The respondent works in...

A the professions.

B business.

C other.

2 The respondent has a salary of...

A 0 – £15,000 a year.

B £15,000 – £35,000 a year.

C over £35,000 a year.

3 The respondent watches TV for...

A relaxation.

B entertainment.

C information.

4 Every day the respondent watches TV for...

A 30 minutes – 1 hour.

B 1 hour – 2 hours.

C more than 2 hours.

Questions 5 – 7

Choose TWO letters A – E.

5 The respondent mainly watches TV...

A in the early morning.

B around midday.

C in the afternoon.

D in the early evening.

E at night.

6 On the new channel, the respondent would like to see more...

A children's programmes.

B documentaries.

C local service programmes.

D travel programmes.

E health programmes.

7 The respondent would advise the new channel to...

A spend more money on drama.

B train their broadcasters to higher standards.

C improve sound quality.

D broadcast interviews with famous people.

E talk more to customers.

Questions 8 – 10

Circle the correct letters A – C.

8 The respondent feels that adverts should occur every...

A 10 minutes.

B 15 minutes.

C 20 minutes.

9 The respondent would like to attend special promotions if...

A expenses are paid.

B he is invited specially.

C they are held locally.

10 The respondent would like to receive...

A no mail.

B requested mail.

C all mail.

SECTION 2 *Questions 11 – 20*

Questions 11 and 12

Circle the correct letters A – C.

11 At Rainforest Lodge there aren't any...

A telephones or TVs.

B newspapers or TVs.

C telephones or newspapers.

12 The guests are told to...

A carry their luggage to the cabin.

B go straight to the restaurant.

C wait an hour for dinner.

Questions 13 – 15

Complete the table below.

Write **NO MORE THAN THREE WORDS** *for each answer.*

IELTS 环球雅思 .com.cn

TOUR NAME	DETAILS
Orchid and Kiugs Pork	walking tour
Four - Wheel - Drive	tour to the (13) …………………………
Fishing	to catch dinner
Crocodile Cruise	departs at (14) ………………………… daily
(15) …………………………	departs at sundown

Questions 16 - 20

Write **NO MORE THAN THREE WORDS** *for each answer*

What **THREE** items of clothing does the speaker recommend for the rainforest?

16 …………………………………………………………

17 …………………………………………………………

18 …………………………………………………………

Which **TWO** things in the rainforest does the speaker give a warning about?

19 …………………………………………………………

20 …………………………………………………………

SECTION 3 *Questions 21 - 30*

Questions 21 - 23

Complete the notes below.

Write **NO MORE THAN THREE WORDS** *or* **A NUMBER** *for each answer.*

DISSERTATION INFORMATION

Hand - in date: (21) …………………………………………

Length: (22) ………………… to ………………… words

Extra programme offered on: (23) ………………………………

Questions 24 – 26

Complete the table below.

DISSERTATION TIMETABLE

Date	Action
31 January	Basic bibliography
7 February	(24)________
February—March	(25)________
(26)________ to ________	Write up work
21 May	Hand in work

Questions 27 – 30

What is Dr. Richard opinion on the following points?

Tick column **A** *if he is in favour*

Tick column **B** *if he has no strong opinion either way*

Tick column **C** *if he is against*

	A	B	C
(27)Buying a computer			
(28)Reading previous year's dissertations			
(29)Using questionnaires as main research instrument			
(30)interviewing tutors			

SECTION 4 *Questions 31 – 40*

Questions 31 – 35

IELTS 环球雅思 .com.cn

Circle the correct letters A – C.

31 John was first interested in the subject because of something...

A he had witnessed.

B he had read about.

C he had experienced.

32 The main research method was...

A interviews.

B questionnaires.

C observation.

33 Which pie chart shows the proportion of men and women respondents?

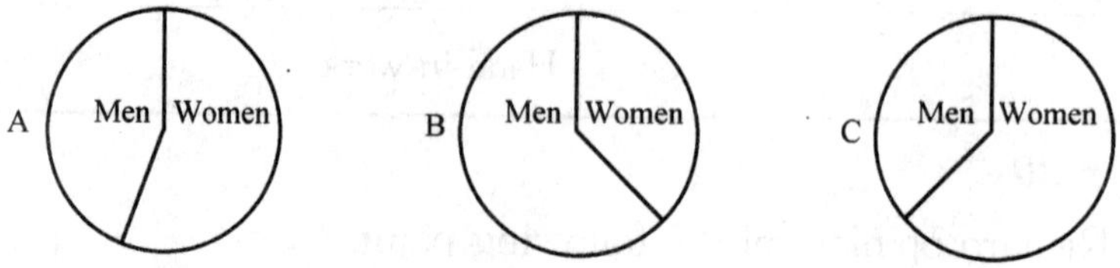

34 How many respondents were there?

A 50~100

B 100~150

C 150~200

35 The most common type of road rage incident involved...

A damage to property.

B personal violence.

C verbal abuse.

Questions 36 – 40

Which group gave the following advice?

*Tick Column **A** if it was mainly women.*

*Tick Column **B** if it was mainly men.*

*Tick Column **C** if it was both men and women.*

	A	B	C
Example: Don't stop to ask directions	√		
(36) Avoid eye contact with other drivers.			
(37) Inform someone of your likely arrival time.			
(38) Ensure car keys are ready when you return to the car.			
(39) Leave plenty of space when parking.			
(40) Keep all doors locked.			

试 题 分 析

Test One

Section One

词汇和短语

system analyst	系统分析员	unwind	放松
vein	特色、气质、倾向	news bulletin	新闻公报
specific	详细的、具体的	potential	潜在的
advert	广告	go for	喜欢
fussy	大惊小怪、爱挑剔的		
put one's feet up	把脚垫起来休息放松,在本文中意为放松		

题目分析

本文是一篇关于电视收视率的调查对话,涉及到电视节目的安排及相关建议等内容。

1. **答案:**B

问题中提到 your job 和题目中的 works in 相对应,答案中先提到 system analyst,但因为没有这个选项所以又提到了 business。最后将职业类别归类到 business 一项。

2. **答案:** C

题目中直接就 salary 进行提问,考生首先要考虑到答案可能是具体数字。Would you mind my asking about your salary? It's £40,000 a year. 但要注意原文中的数字在选项中没有直接对应项,需要找出最接近的选项。

3. **答案:** A

题目问到被访者看电视的主要原因是什么,原文提到 relax and unwind,强调主要是为了放松。

4. **答案:** B

原文中提到:How many hours a day on average do you watch TV? 回答是 I should sayjust over an hour 文章中的. just over an hour 和题目中 1 hour - 2 hours 相对应。

5. **答案:** A 和 E

问题问到两个看电视的主要时间段,原文中提到的是 breakfast time 和 eleven or even midnight,与选项 A 和 E 相对应。

6. **答案:** A 和 C

被访者认为新的电视频道不需要新闻和记录片,更需要 service for the community 和 younger viewers,与选项中的 children's programmes 和 local service programmes 是同义词替换。

7. **答案:** C 和 E

在建议方面被访者认为应该改善 sound system 和 talking with their potential customers,原文中这两条信息与选项中的内容直接对应。注意原文中的大部分信息在题目的选项中没有直接的体现,只能找出最为近似的答案。

8. **答案:** B

在讨论播放广告的间隔时间时,被访者的建议是 every quarter of an hour 与题目中 15 minutes 的选项对应。

9. **答案:** C

在问到是否愿意参加 special promotions 即特别宣传时,被访者提到 as long

as they are held here in my area 只要在我所在的地区即可，与选项中 they are held locally 是同义替换。

10. **答案：**B

谈到是否愿意接收电子邮件时，被访者开始否定，但又表示只要和促销活动有关的内容就可以，也就是说接收的邮件是有条件的。

Section Two

词汇和短语

refreshed	(使)精神振作	distraction	分心，分心的事物
cabin	小屋、船舱	balcony	阳台、包厢
coach	四轮大马车、长途汽车	dusk	薄暮、黄昏
slippery	滑的、光滑的	venomous	有毒的、有毒腺的
beware	小心、谨防	irritation	愤怒
literally	真实地、确切地	cruise	游艇

这是一篇关于参与野外生存活动规则和注意事项的文章。

11. **答案：**B

文章里提到只有一部电话，没有电视和报纸，包含电话的选项都不能选。

12. **答案：**C

行李会有专人运送，一小时后到餐厅用餐，所以等一小时用餐的选项是正确的。

13. **答案：**waterfalls//water falls//water - falls

这是对旅行活动内容的具体介绍，背景文字中的 tour name 是路标词汇，详细内容是瀑布。

14. **答案：**11am

这里介绍了游艇的出发时间，游艇的名称是典型的路标。

15. **答案：**Spotlight

这道题目要求根据具体的描述填写行程的名称，以听到的内容为主，因为是专有名词注意答案大写。

16. **答案:** walking boots　17. **答案:** socks　18. **答案:** long trousers

提醒游客携带的物品时建议带好靴子,因为地面又湿又滑;为了保护皮肤,建议穿上长袖衣服、长裤和袜子。

19. **答案:** snakes　20. **答案:** plants

提到注意事项的时候,嘱咐游客当心毒蛇和各种植物,避免意外伤害。

Section Three

词汇和短语

dissertation	(学位)论文、专题、学术演讲
flexible	易曲的、灵活的、可通融的演讲
tutor	家庭教师、(大学)指导教师、助教、辅导教师辅导
bibliography	(有关一个题目或一个人的)书目、参考书目

这是一段师生对话,老师和学生讨论完成学位论文的准备工作。谈论的内容包括交论文的时间、论文的字数以及具体的准备工作。在对话中注意题目中的背景文字经常会出现在文章里。

21. **答案:** May 21

背景文字中的路标词汇 fixed hand - in date 在原文中的问题中被提到,在答题时一定注意和日期相关的数词和短语。老师回答 I can confirm that that is 21 May, not 20 as we first stated,这里的 confirm 和 fixed 是同义词替换。

22. **答案:** 18,000 — 20,000

这道题目问的是论文的长度,所以数字是关键,要准确、快速地记录相关的数字。

23. **答案:** research methods

原文提醒学生要和课程导师 course tutor 商量有关论文的最后选题,并建议如果需要额外帮助的话,可以参加有关于研究方法的课程。

24. **答案:** draft plan

在填写日程表时注意背景文字中的日期是路标,本题中的 2 月 7 日是交计划的最后限期。

25. **答案:** do research

这是一道典型的答案出在问句中的题目。原文中问到 When do we have to be doing the research? 回答是 essentially February to March。在回答中提到的时间是出现在背景文字里的路标词汇，根据题目要求这里需要填写一个动词短语来说明当时的工作内容。注意把原文中的 doing the research 还原成 do research。

26. **答案：** March to May

从题目中可以判断此处需要填写和日期相关的答案。参照后面提示的工作内容 write up work，注意表示时间的词汇就很容易找到答案。

27. **答案：** A

Dr. Simon 虽然认为购买计算机很昂贵但是很有帮助，并建议学生买二手的机器，所以选择答案中赞同一项。

28. **答案：** A

虽然 Dr. Simon 认为太早参考以前别人写的论文会影响自己的总结观点，但总的态度是支持，认为阅读以前的论文是最好的引导方式。原文中使用了比较级，强调了答案的唯一性，所以选择赞同。

29. **答案：** C

在谈到问卷调查时显然 Dr. Simon 持反对的观点。在回答时说 they tell you very little else，这里 little 表示否定，也就是说，没有什么用处，此处选择反对的意见。

30. **答案：** B

Dr. Simon 认为学生可以拜访导师，原文中的 I don't see why not 表示同意学生拜访导师。但他不认为这样做会有什么帮助，应该取决于学生本人的意愿，所以选择不赞成也不反对的选项。

Section Four

词汇和短语

injunction	命令，指令，禁令	rage	愤怒，情绪激动，狂暴，
overtake	赶上，追上	stationary	固定的
motorway	汽车高速公路	respondent	回答者
physical	身体的，体格检查	strategy	策略

getaway 逃亡，逃走 verbal 口头的

这是分析行车安全的调查报告。讨论的内容包括发生在公路上的暴力行为、司机的人身安全以及相关的预防措施。

31. **答案:** B

John 对研究的话题感兴趣源于他从报纸上读到的相关报道，所以不是亲眼目击和亲身经历过的事情。

32. **答案:** A

John 的调查方法是依靠访问，不是问卷调查和观察，这里 rather than 的意思是"而不是"表示转折。

33. **答案:** A

在调查过程中，原文中使用 slightly in the majority 表示女性被访者居多。

34. **答案:** B

原文中提到的总人数是 135，在选项中没有直接的对应项，但是包含在 100 至 150 人中。

35. **答案:** C

公路上发泄愤怒的主要表现是 verbal abuse 即口头的辱骂，与原文中的 being shout at 是同意词替换。

36. **答案:** B

男性司机认为应该避免与其他司机对视。

37. **答案:** A

女性司机更注重准时。认为应该告诉别人自己预定到达某地的时间。due to: 约定，预约；

38. **答案:** C

无论男性还是女性都认为应该准备好车钥匙。in advance: 事先

39. **答案:** B

男性为防止遭到意外袭击，认为要有足够的停车空间，避免 mugger(即谋财害命的盗匪，行凶抢劫者)的袭击。

40. **答案:** C

关于给所有门上锁的必要性，男人没有女人重视，但是都同意这一观点。

TEST TWO

Section One

词汇和短语

niggling	麻烦事	leak	渗漏
annoying	恼人的、讨厌的	flicker	闪烁、闪光、颤动
in stock	有库存、有现货	preference	偏爱、优先选择

题目分析:

这是一段关于维修家用器具的生活对话,涉及到物品名称、所出的问题以及预约的时间。

1. **答案:** 16 Rose Lane

地址、街道名称通常是由数字和单词构成,注意不要忘掉数字。

2. **答案:** June 27

入住日期为6月27日,日期的写法:June 27, 27th of June,任何一种写法均可。

3. **答案:** broken door//door broken

住户提到cooker的问题是门坏了,此处空格要求填写短语而非听力原文中的句子。

4. **答案:** C

原文中提到it's nothing serious,认为不是太严重的问题,you can send some one over in the next couple of weeks or so .过两周派人来就可以了,与C中的内容相对应。

5. **答案:** no locks // need locks

窗子的问题是没有锁,出于保险和安全的需要安装锁。

6. bathroom light

浴室的灯总是闪个不停,也是报修的项目,背景文字中显示的问题是暗示答案的路标词汇。

7. **答案:** A

住户要求马上将灯换掉，原文中的 right away 和 immediately 是同义词替换。

8. **答案：** kitchen curtains

最后一个报修的项目是厨房的窗帘，原因是背景文字中提到的 torn。

9. **答案：** B

窗帘的更换时间是 in the next week 和原文中提到的 the following week 是同义词替换。

10. **答案：** 1 pm and 5 pm

预约时间时，提到了两个时间，按照题目要求都要写上，注意标明上下午。

Section Two

词汇和短语

facility	设备，工具	charity	慈善，慈善团体
charter	租，包（船、车等）	stationery	文具，信纸
venue	集合地点，比赛地点	grant	补助金、助学金
fitness center	健身中心	squash	壁球
badminton	羽毛球	ice rink	溜冰场

介绍学校基础设施和周边环境及其相关的公共设施是雅思考试听力部分的常考内容。下面这篇文章以 Student Union Building 为中心介绍了校园内基础设施和提供的相关服务，同时介绍了所在的小镇上的公共娱乐健身场所。注意文章中的地名是典型暗示答案的路标词汇。

11.~14. **答案：** A.C.E.G

原文中提到学生会的四项活动有为慈善机构筹款、卖报纸和杂志、提供便宜车票以及用餐服务。有的词汇与题目选项中的词汇是同义词替换如 catering 是指提供酒水和饭菜是对原文中 Cafeteria 的服务内容的解释。

15.~16. **答案：**B和 E

原文中学生会提供的咨询信息包括 financial matters such as grants 和 legal problems，选项中的 legal matters 与 legal problems 相对应，Grants 在原文中直接作为 financial matters 的例证也被提到。原文中的第二段是对学校所在的小镇的公共设施进行介绍，17 至 20 题是匹配题，要求考生将溜冰场、电影院等公共场所按照距离城镇中心远近进行分类。所以原文中的公共设施名称是主要线索，在听原文时还要注意表示距离、方位的词汇。如：outskirts，in the main square，in the center of the town 等关键词。

17. **答案：** C

原文中没有直接提到高科技健身中心的方位，而是先介绍了与之毗邻的 Olympic - size swimming pool 的位置在郊区。由此可以知道健身中心也在郊区，答案应该选择与之对应的 some distance from the center of the town。

18. **答案：** A

在被问到溜冰场时，原文中先是讲到在市郊没有，随后提到在市中心的 the Metro Tower building 中有溜冰场、羽毛球场、壁球馆等室内运动设施。选项中的溜冰场是其中一项，所以选择的对应项是 part of the Metro Tower building。此处要注意，在提到市中心的时候，涉及到两个具体的地点，一个是 the Metro Tower building，另外一个是 in the main square，小心区分细节的地点名称避免造成判断失误。

19. **答案：** A

原文中后来提到在同一座建筑中有一家新的电影院，这个建筑指 the Metro Tower building。

20. **答案：** B

原文中讲到 Theatre Royal 位于距离 the Metro Tower building 不远处的 main square 中，所以答案显而易见是 in the main square。

Section Three

词汇短语

counsel	讨论、商议、劝告、忠告	session	会议、开庭
compulsory	必需做的、必修的	go about	着手做、从事
clarify	澄清、阐明	workload	工作量
ridiculous	荒谬的、可笑的	come down	流传下来
systematic	系统的、体系的	come to nothing	完全失败
go off into	开始、陷入	confine	限制、禁闭

学生和老师讨论学习方法并制订计划。

21. **答案：**B

课程是为理科同学设置的，但是老师建议如果时间允许，任何学生都可以参加。

22. **答案：**B

老师认为大学生活更强调独立性，原文中使用的 to do work on their own 和选项中的 working independently 是同义词替换。

23. **答案：**A

这道题目考的内容是时间，学生抱怨 resource centre 关门太早。

24. **答案：**C

老师建议学生只要合理计划安排时间就可以有时间做自己的事情和满足个人爱好。

25. **答案：**C

在为学生量身定做一个计划之前，老师要对学生的状况有个具体了解。

26. **答案：**check work/errors// revise

每个人都会犯错误，建议学生花时间检查自己所写的内容。

27. **答案：**record

在听 2 小时长的讲座时，学生容易分散精力，老师的意见是对课堂内容录音，这样可以反复重听讲课的内容，澄清不熟悉的地方。

28. **答案：**a friend ACCEPT friend

关于听课的另一个建议就是和朋友核对上课的笔记。

29. **答案：**general interest

在阅读内容上，老师认为学生应该选些自己喜欢的内容读，不要仅限于课程内容。

30. **答案：**dictionary

在阅读时，一本好字典是很有帮助的。

Section Four

词汇和短语

aridity	干旱，乏味	searing	灼热的，烫人的
evaporation	蒸发(作用)	puddle	水坑，胶土，污水坑，
moisture	潮湿，湿气	seep	渗出，渗漏
subterranean	地下的	reservoir	水库，蓄水池
bubble	潺潺的流	spring	泉水
standing	停滞的，不流动的	regulate	控制，调节，校准
survival	生存，幸存，幸存者	harness	利用(河流、瀑布等)产生动力(尤指电力)
outback	内地，(指澳大利亚等偏僻而人口稀少的地方).内地的	rural	乡下的，田园的，乡村风味的，生活在农村的

这是一篇关于澳大利亚水资源利用状况的文章。听力原文中分析澳洲水资源缺乏的原因以及可利用的水资源的来源等方面的问题。文章略显专业化，答案都是围绕日常生活常识的基本内容，所以容易选择。

31. **答案：**C

听力原文中提到 Australia is a dry continent, second only to Antarctica。澳大利亚是一块仅次于南极洲的干旱大陆，暗示南极洲是最为干旱的大陆。

32. **答案：**B

这道题将几个洲的水分蒸发量做比较，欧洲和非洲的蒸发量是60%，北美洲只有48%，而澳洲是87%，所以澳洲的水分蒸发量最大。注意数字比较相对应的各洲名称。

33. **答案：**C

水库的水或者降雨很少进入土壤是由于大部分被干渴的植物吸收。这里注意 barely 表示否定“几乎不”表示否定的同义词汇有 few, little, hardly, seldom, at no time。

34. **答案：**B

在有些地区雨水可以透过沙质土壤渗透到岩石下面，原文提到 Rainwater

seeps quickly through sandy soils and into the rock below。即便考生不认识 seep(渗透)这个词也可以根据原文中提到的先后顺序判断答案。

35. **答案:** B

谈到地下水虽然可以使用,但是很咸,大多数情况下只能用来给动物喝。

36. **答案:** C

这里讲到地下水资源可以流经很多地区并且在底下保存很长时间,在地表形成的泉水是早期探险者的主要饮用水。题目中问到这些泉水的位置,遍布澳洲和在未探索的地带都不正确,答案是指在一些地区。

37. **答案:** A

这里考察的数字是地下水在澳洲水资源消耗中所占的比例。注意听数字和限定的范围,即地下水所占的比例,其它两项考的是蒸发率,答案只能是18%。

38. ~40. **答案:** B、D、E

首先要审题清楚,题目问到的是水坝的用途。原文提到 The dams store water for a variety of functions,这里 functions 和题目中的 uses 是同义词替换。主要考了三项用途:灌溉农作物、调节洪水、发电。

TEST 2

Listening Section

SECTION 1 *Questions 1—10*

Questions 1 and 2

Complete the notes below.

Write ***NO MORE THAN THREE WORDS*** *for each answer.*

KENT HOUSE AGENCY – REPAIRS

Example	**Answer**	
Name:	**Paul Christopher**	
Address:	Apartment2, (1) …………………………	York
Length of lease: one year		
Date moved in: (2) …………………………		

Questions 3 – 9

Complete the table below.

Wrie ***A*** *if the repair will be done immediately.*

B *if the repair will be done during the following week.*

C *if the repair will be done in two or more weeks.*

Item	**Problem**	**When to be done**
washing machine	leaking	example A
cooker	(3)……………………	(4)…………
windows	(5)……………………	B
(6)……………………	flickers	(7)…………
(8)……………………	torn	(9)…………

Question 10

Write ***NO MORE THAN THREE WORDS*** *or* ***A NUMBER*** *for each answer.*

Workman to call between (10)………………and………………

SECTION 2 Questions *11 – 20*

Questions 11 – 14

Circle FOUR letters A – G.

Which FOUR activities of the Union are mentioned by the speaker?

A raising money for good causes

B political campaigning

C running a newsagent's

D running a supermarket

E providing cheap tickets

F helping with accommodation

G providing catering services

Questions 15 and 16

Circle TWO letters A – E.

Which TWO of the following can you get advice about from the Union?

A immigration

B grants

C medical problems

D personal problems

E legal matters

Questions 17 – 20

Write the appropriate letters A – C against Questions 17—20.

What are the locations of the following places in Radford?

A part of the Metro Tower building

B in the main square in the centre of the town

C some distance from the centre of the town

Example	Answer
the swimming pool	C

17 the hi – tech fitness centre ......

18 the ice rink ......

19 the new cinema ......

20 the Theatre Royal ......

SECTION 3 *Questions 21 – 30*

Questions 21 – 25

Circle the correct letters A – C.

21 These sessions with a advisor are...

A compulsory for all students.

B available to any students.

C for science strdents only.

22 The advisor says that new students have to...

A spend more time on the college premises.

B get used to working independently.

C work harder than they did at school.

23 Sean complains that the resource centre...

A has limited opening hours.

B has too few resources.

C gets too crowded.

24 The advisor suggests to Sean that...

A most other students can cope.

B he needs to study all the time.

C he should be able to fit in some leisure activities.

25 Before being able to help Sean the advisor needs to...

A talk with some of his lecturers.

B consult his tutor.

C get more information from him.

Questions 26 – 30

Complete the notes below.

Write **NO MORE THAN THREE WORDS** *for each answer.*

WRITING

- Pay careful attention to the question
- Leave time to (26)............

LISTENING

- Try to (27)............lectures
- Check notes with (28)............

READING

- Choose topics of (29)............
- Buy a good (30)............

SECTION 4 *Questions 31 – 40*

Questions 31 – 37

Circle the correct letters A – C.

31 The driest continent is...

A Australia.

B Africa.

C Antarctica.

32 The evaporation rate in Australia is...

A lower than Africa.

B higher than Africa.

C about the same as Africa.

33 Rainfall in Australia hardly penetrates the soil because...

A the soil is too hard.

B the soil is too hot.

C plants use it up.

34 In sandy soils water can...

A evaporate quickly.

B seep down to rock.

C wash the soil away.

35 Water is mainly pumped up for...

A people to drink.

B animals to drink.

C watering plants.

36 Natural springs are located...

A in unexplored parts of Australia.

B quite commonly over all Australia.

C in a few areas of Australia.

37 Underground water supplies...

A 18% of Australia's water.

B 48% of Australia's water.

C 80% of Australia's water.

Questions 38 – 40

Circle *THREE* letters A – E

Which *THREE* of the following uses of dam water are mentioned?

A providing water for livestock

B watering farmland

C providing water for industry

D controlling flood water

E producing hydro – electric power

IELTS 环球雅思 .com.cn

Key to Answers

TEST ONE

***Each question correctly answered scores* 1 *mark*. *CORRECT SPELLING NEEDED IN ALL ANSWERS*. (*Where alternative spellings are accepted, these are stated in the Key*.)**

Section 1, *Questios* 1 – 10

1 B

2 C

3 A

4 B

5 *both required for one mark, either* order *AE*

6 both required for one mark, either *order* AC

7 *both required for one mark, either order* CE

8 B

9 C

10 B

Section 2, *Questions* 11 – 20

11 *B*

12 *C*

13 *waterfalls // water falls*

14 *eleven*/11.00//11 *am*

15 *Spotlight* (*tour*)

16 *walking boots* } in any order

17 *socks* } in any order

18 *long trousers* } in any order

19 (*venomous* / *poisonous*) *snakes* } in either order

20 (*certain*) *plants* } in either order

Section 3, *Questios* 21 – 30

21 May 21 *or acceptable alternatives*

22 18,000～20,000//18～20,000 *must have both numbers* (*or in words*)

23 research methodrs *NOT* research

24 (*draft*) *plan*

25 (*do* / *carry out* / *conduct*) *research*

26 March(to) *May* (both for one mark)

27 A

28 A

29 C

30 B

Section 4, Questions 31 – 40

31 B

32 *A*

33 *A*

34 *B*

35 *C*

36 *B*

37 *A*

38 *C*

39 *B*

40 *C*

TEST TWO

***Each question correctly answered scores* 1 *mark*. CORRECT SPELLING NEEDED IN ALL ANSWERS. (*Where alternative spellings are accepted, these are stated in the Key.*)**

Section 1, *Questions* 1 – 10

1 16 Rose Lane
2 June 27 *or acceptable alternatives*
3 door broked// broken door
4 C
5 no locks(on them) // need locks
6 bathroom light
7 A
8 kitchen curtains
9 B
10 1 pm and 5 pm

Section 2, *Questions* 11 – 20

11 *A* } in any order
12 *C*
13 *E*
14 *G*
15 *B* } in either order
16 *E*
17 *C*
18 *A*
19 *A*
20 *B*

Section 3, *Questions* 21 – 30

21 B
22 B
23 A
24 C
25 C
26 check work/errors// revise (work)
27 record
28 (a)friend *ACCEPT* freind
29 general interest/hot interest
30 dictionary

Section 4, *Questions* 31 – 40

31 *C*
32 *B*
33 *C*
34 *B*
35 *B*
36 *C*
37 *A*
38 *B* } *in any order*
39 *D*
40 *E*

TAPESCRIPT

TEST ONE

SECTION 1

Anchor: We are going to have a new TV channel and what kind of programme would audiences would like to see is still a question. Our reporter is doing some market research for the new TV channel. And now more information on this topic. We cross to Sally Ackroyd at the Scene.

Reporter: Excuse me, I'm sorry to bother you, but would you have time to answer some questions?

Respondent: What's it about?

Reporter: We're doing some market research for a new television channel starting in two years' time.

Respondent: OK, why not?

Reporter: Lovely, we'll just work through this form. And if we could start with some personal background information...

Respondent: Sure.

Reporter: Right, if I could just have your age...

Respondent: 40.

Reporter: Right, great... *Example*

Repeat

Reporter: Right, great. And your job?

Respondent: Systems analyst, but from the form I don't know whether it would count as professional or business or what.

Reporter: What do you think?

Respondent: OK, it's more like business.

Reporter: Fine. And would you mind my asking about your salary? Or we can leave it blank. Q1

Respondent: No, I don't mind. It's £50,000 a year.

Reporter: Thank you. Right... about your habits, I mean, current watching habits... what would you say is your main reason for watching TV? Q2

Respondent: Well, at work I tend to read for information so I'd say that with TV it probably just helps me relax and unwind.

Reporter: Fine. And how many hours a day on average do you watch TV? Q3

Respondent: Not a lot really... I should say just over an hour.

Reporter: Which time slots of the day would you like to watch TV? Q4

Respondent: Well, a little around breakfast time and then it tends to be really late – eleven or even midnight – when I've finished work. Q5

Reporter: And what sort of programmes do you go for?

Respondent: Some news bulletins but I also really like to put my feet up with some of the new comedy shows.

Reporter: Fine. And turning to the new channel... which type of programmes would you like to see more of?

Respondent: Well, I certainly don't think we need any more factual programmes like news and documentaries. I think we need more about things like local information... you know, providing a service for the community. And in the same vein, perhaps more for younger viewers... you know, good quality stuff. Q6

Reporter: Ah ha. And if you had to give the new directors some specific saggestions when they set up the channel, what suggestion Q6 would you give them?

Respondent: I think I'd advise them to pay great attention on the quality of the actual broadcast, you know, the sound system. People are very fussy these days about that and in general I think they ought to do lots more of these kinds of interview, you know, talking with their potential customers. Q7 Q7

Reporter: Oh, I'm glad you think it's valuable!

Respondent: Certainly... yeah.

Reporter: Good. OK, this will be a commercial channel of course, So, let's move on to the next question, about adverts, but how often do you think it is tolerable to have adverts?

Respondent: Well out of that list I'd say every quarter of an hour. I don't think we can complain about that, as long as they don't last for ten minutes each time! Q8

Reporter: Quite. And... would you be willing to attend any of our special promotions for the new channel? Q9

Respondent: Yes, I'd be very happy to, as long as they're held here in my area. Q10

Reporter: OK, I'll take it down. And finally, may we put you on our mailing list?

Respondent: Well, I'd prefer not... except for the information about the promotion you mentioned.

Reporter: May I have your name and address?

Respondent: Of course... here's my card.

Reporter: Oh, lovely... It's been fascinating talking to you and thank you very much for your time.

Respondent: Yes, indeed. Um, thanks.

SECTION 2

RECREATION OFFICER

Well, hi, everyone! My name's Peter and I'm one of the five recreation officers here at Rainforest Lodge. My job is to make sure that you all have a great stay here with us and go away feeling relaxed and refreshed. As you can see, we're literally in the middle of nowhere at the Lodge. There are no newspapers or TVs and there's Q11 only one phone and that's in the office. The Lodge is a complete 'getaway from it all' experience: a place to unwind and appreciate the world without any disturbance and distractions.

From your cabin balcony you'll find that you can't see anyone else and the only noise you should hear is the singing of birds. When the luggage comes, one of the guys will take it across to your cabin for you and make sure you know the way back here to the main centre for dinner in the restaurant. Dinner will be served in about an hour or so. Q12

All the times of each day's activities are listed on the blue sheet you should have got in the information guides that were handed out on the coach. Each Explorer trip has a different focus, so it doesn't matter how many you do or on what day, because there's always something new to discover in the rainforest.

Tomorrow I think we've still got places on the Orchid and Kings Park Tour. This is on foot and takes you to different parts of the rainforest. Or, if you'd prefer, there's the Four Wheel – Drive tour Q13 to the waterfalls, or the fishing trip where I promise you we'll catch something for our dinner, and last but not least, the famous Crocodile Cruise that leaves at 11 am each day. Q14

(Just in time for the crocodile's dinner!) Plenty to choose from here at Rainforest Lodge or just sit on your balcony, relax and unwind and enjoy the beautiful views. In the evenings there is the Spotlight Tour, one of my favourites. The Spotlight Tour leaves at sundown and lets you catch a glimpse of some more of the rainforest's wildlife as it comes out at dusk to feed. That's a great trip and if you can, I'm pretty sure that you'll enjoy this trip during your stay. Q15

You've chosen to visit the rainforest in March, which is just at the end of the wet season, so you'll soon notice how well the waterfalls are running and also how damp the ground is. Things can tend to get a bit slippery, too, so if you didn't bring any walking boots I'd advise you to hire some from the office. You'll also be much better off in long trousers rather than shorts because they will give your legs more protection, and socks are a good idea too. Q16 Q17 Q18

It is not necessary to be nervous of the rainforest provided that you treat it with respect and common sense. Most of the animals and wildlife are gentle and harmless. There are some venomous snakes to beware of, but really they're much more frightened of you than you are of them. The other thing is that certain plants can cause irritation if you touch them with bare skin. Well, that's about all for the time being. The guys are here to take you and your luggage to the cabins... Q19 Q20

SECTION 3

DR. Richard: OK, welcome back to the new term. Hope you've had a good break and that you're looking forward to writing your dissertation... What I'd like to do in this session is to give you the opportunity to ask questions on writing the dissertation... requirements, milestones...who to see when you need help. It's very informal...it may all be written on paper, but it's better to get it confirmed. so anything you'd like to ask?

ANDY: Dr Richard, is there a fixed hand-in date yet?

DR. Richard: Right. I can confirm that that's 21 May, not 20 as we Q21
first stated. OK?... Alice?

Alice: What about the word limit? How long should the dissertation be?

DR. Richard: Well we try to be pretty flexible on this, but in broad terms it's 18-20,000. Q22

Alice: Can I choose topic?

DR. Richard: Yes, you can choose your topics... anything from Years 2 and 3... Yes?

Alice: I still haven't got any idea what I want to do it on. Could you give me some advice?

DR. Richard: Well, you should see your course tutor or lecturer on the course. to agree on your final title and you should also be aware that there's a special programme running on research methods for Q23
anyone who wants some extra help on that.

Alice: Can I just check on the deadlines for everything?

DR. Richard: Yes, sure. Look, let me write it on the board... when the different stages have to be completed. First of all you've got to work on your basic bibliography, and that's due in to your course tutor by 31 January... which is just two weeks away, so you'd better get a move on on that.

ANDY: Do we have to have our own draft plan by then?

DR. Richard: No, your draft plan is due on 7 February, which is a Q24 week later, so that should give you plenty of time.

Alice: And when do we have to be doing the research?

DR. Richard: That's over a one-month period. . . essentially February to March. Q25

ANDY: And the write up?

DR. Richard: Well, you can't really get going on your writing until you've got quite a bit of the research done, so that's really March to May, with the hand in date on 21st. Any more questions? Q26

ANDY: Well, sir, just some advice really. It's about computers. . . would you advise us to buy one?

DR. Richard: What can I say, Andy? I know it's a massive expense, but I really feel that it will be of great benefit. . . you can always look in the Student Union adverts for second hand ones. Yes? Q27

Alice: I've been looking at some of last year's dissertations.

ANDY: Is that a good idea, sir? I heard. . .

DR. Richard: Well, I don't think you should read them in detail too early or you might end up taking more of their ideas than you realise. But yes. . . it is really the best guide you can have to the expectations of the. . . of what's expected when you write a dissertation, but you must remember to attribute the work to the original writer. Q28

ANDY: Sorry, Alice, I interrupted you.

Alice: That's OK. It's just that they did a lot of research using questionnaires. . . is that a good idea?

DR. Richard: I think questionnaires are very good at telling you how people fill in questionnaires, but to be frank, In most cases, people won't bother to give answers that require too much effort on their part. They tell you very little else. Avoid them! Q29

ANDY: About interviews... is it OK if we interview you?
DR. Richard: The tutors? I don't see why not; they don't have any special contribution to make, but you can if you want. There's a whole section on this issue in the Research Guide, I'm afraid it's slightly out of date, and you're probably better talking to the tutor on the Research Methods course, but you might find it useful to start there.
ANDY/Alice: OK, thanks.
DR. Richard: OK... well, great, I hope that sorted a few things out. You can always come and see me or drop me a note if you've got any more queries.
ANDY/Alice: Fine.
DR. Richard: OK. Thanks...

SECTION 4

TUTOR: Well, good morning, everyone. In today's session Steve Upton will be sharing some of the findings of his research project from last term. Steve... He is going to give us a quick run down on "Road Rage", Steve.
Steve: Thanks. Well, first of all, a little bit about the background to the project. Our title, as you can see, is pretty straightforward: 'car safety'. But these days there's a lot more to it than the usual injunctions about drinking and driving or speeding.

I had been interested and horrified by several newspaper reports Q31 on what people call 'road rage'. For instance the famous incident of a man getting out of his carin a car park and hitting the driver of a semi-trailer who had overtaken him earlier. It seemed to me that there were almost as many serious problems when cars were parked...

i.e. were stationary... as when they were travelling at 90 miles an hour. So I decided to make this the focus of the project.

For our research we depended mainly on talking to individuals, asking them questions rather than using written questionnaires. We stopped people at a selected garage on the motorway over a two-day period, and asked them questions about what they'd observed or experienced themselves. Our respondents were both men and women, but the women were just slightly in the majority. We were pleased by the public's willingness to stop and chat to us... in the end we talked to a total of 135 drivers over those two days. Q32 Q33 Q34

So what were our findings? Well, as you can see, 93% of respondents had had some kind of problem. A surprisingly large percentage -24% had had their car damaged in some way, but the main type of incident was being shouted at - 79% had experienced that. 15% had experienced violence on their own persons... they'd actually been hit by someone. The police tended only to be informed when there was physical violence involved. Therefore, measures should be taken to self-protection in advance. Q35

So what strategies had people developed to ensure their own safety? Let's have a look at the figures here. Well, first of all, it was quite striking that there were often distinct answers from the men and women. It was mainly women, for example, who said one shouldn't ever stop to find out how to get somewhere. Whereas it was men who said you should try to avoid looking directly at other drivers. Both men and ... oh sorry no... it was women who said you had to tell someone when you were due to get to a particular destination. Then, I had thought that it would be mainly men, but Example Q36 Q37 both sexes made the point that it's much safer to get keys out well in advance as you go towards your car. Men were very aware that muggers or whatever might be concealed behind the car. They also made the point that you should leave plenty of room when you park your car so you can make a quick getaway if you need to. Finally, locking doors at all times... men didn't think it was quite as important as women, but both gave it a high safety rating. Q38 Q39 Q40

When we asked them what they thought the best improvements had been in the last six years in helping with road rage problems...

TEST TWO

SECTION 1

AGENT Good morning. KENT House Agency.

Christopher: Good morning. I'm ringing about the problems I've been having with my apartment.

AGENT: Yes, of course. If I can just take a few details first… What's your name?

Christopher: Paul Christopher.

AGENT: How do you spell that? *Example*

Christopher: C-h-r-i-s-t-o-p-h-e-r.

AGENT: OK, and what's the address?

Christopher: Apartment 2, 16 Rose Lane. *Q1*

AGENT: Rose Lane … and that's in … ?

Christopher: In York.

AGENT: Oh, yes, I know the property. Could I just ask how long is the lease?

Christopher: It's for one year.

AGENT: And When did you move in?

Christopher: Last week, on 27th June. Q2

AGENT: Fine, thank you.

AGENT: And what are the problems that you've been having?

Christopher: Well, no one thing is really dangerous or anything, but you know, it's just been building up.

AGENT: Yes, of course.

Christopher: Well the first thing is the washing machine. It's been leaking a little and it's beginning to get worse. Because we have a small child, we really need to get that done straight away. *Example*

AGENT: OK…that's a washing machine for immediate repair.

Christopher: And then there's a niggling problem with the cooker…

AGENT: Ah ha…

Christopher: The door's broken. Q3

Christopher: Right, the door of cooker.

Christopher: It's nothing serious and it can be used, but if you can send someone over in the next couple of weeks or so that'd be great. Q4

AGENT: Fine, I've got that.

Christopher: Then we are worried about all the windows.

AGENT: Are they broken? Q5

Christopher: No, but there are no locks on them… and you know with the insurance these days…

AGENT: And when would you like those done?

Christopher: Oh, that's not really urgent… but you never know when there's going to be a break-in…

AGENT: No, we'll get those done for you next week, don't worry.

Christopher: And then there's the bathroom light…it's getting Q6 noying. It flickers quite badly and it's giving me quite anheadaches. I'd really like to get that replaced right away. Q7

AGENT: That's no problem.

Christopher: And then the last thing on the list is the kitchen curtains. They're torn. Q8

AGENT: Oh, right. We do have quite a few spare ones in stock and can get those to you in the next week, if that's alright with you? Q9

Christopher: Yes, that'd be fine.

AGENT: Anything else?

Christopher: No, that's all. But when could you get someone over to my house?

AGENT: OK, fine. What about this afternoon.

Christopher : Well, I'm going to be out for a short time.

AGENT: Well you tell us your preferred times.

Christopher : Well the best time is about 1.00. Q10

AGENT: I'll have to check that with him. And if he can't make it then, what would be your second preference?

Christopher : Any time up to 5 pm would be fine. Q10

AGENT: OK, I've made a note of that.

Christopher : Great, well thanks very much for your help.

AGENT: That's fine. Thank you for calling.

Christopher : Goodbye.

AGENT: Goodbye.

SECTION 2

Amanda: OK, well, good morning everybody! I would like to welcome you to our university. My name's Amanda Reed and I'm your

Assistant Welfare Officer. You will be seeing a lot more of me over the coming months. I am the one you should come to if you have any problems of a practical nature. What I'd like to do now is tell you a little more about some of the er... the social facilities available on the campus, and also to tell you something about what the town has to offer.

As you probably know already, the Student Union Building is the main centre of social life here, as indeed it is in most British Universities. The Union runs a weekly programme of events for all tastes... oh everything from discos to talks by guest speakers. Many of these events are fund raising activities for charities, which *Q11*
the Union takes very seriously. They run the Students' Union pa- *Q12*
pershop, selling magazines and newspapers, as well as stationery, sweets and so on. Um...

Then...er, let me see...there's the Ticket Shop, where you can *Q13*
get some very good deals on, well for example, coaches to London or inexpensive charter flights, as cheap as you'll get anywhere people say, or tickets for big pop groups playing here or at other venues all over the country, or plays in London – oh and we mustn't forget the Union Cafeteria and the Big New Diner...Er...yes? Did you *Q14*
have a question?

STUDENT: Yes, does the Union also provide help with any problems, I mean advice on financial problems, for example? Or does the University provide that?

Amanda: Yes, the Union manage their own advice service, offering *Q15*
help with financial matters such as grants. I am sure you realise anything *medical* should be discussed with the University Medical Service, which also has an excellent counselling centre. I think that

was made clear yesterday. However the Union has its own officer who can give advice on legal problems. Q16

Now, onto Radford. For a town of its size, Radford has some unusually good leisure and community facilities and has quite a good shopping centre, with an interesting range of shops. As you go into Rad ford, there's a new.. well, quite new... Olympic-size swimming pool. That's on the outskirts at a place called Halifax. Above the pool there's a hi-tech fitness centre. Are there any ice skaters here? No? Oh, pity! The facilities for iceskating are excellent. Well, the new Metro Tower, right in the centre of town has got an ice rink and a sports hall for squash, badminton, volleyball and several other indoor sports. And in the same building there's a new cinema with six screens. Er... then, let me see, in the main square, just two minutes' walk from the Metro Tower, there's the Theatre Royal, which often gets London productions on tour... and in the streets nearby you can find a good range of inexpensive restaurants including Indian, Chinese, Thai and... Example Q17 Q18 Q19 Q20

SECTION 3

Advisor: Hello, Sean, What can I do for you?

Sean: Well, I heard about these counselling sessions from a friend doing a science course and I was really interested. I think they should be compulsory really.

Advisor: Well to be quite honest, Sean, I think they would be useful for everybody but well, everybody has their own way of going about things. I prefer people just to drop in when they can. Q21

Sean: Yes.

Advisor: I find that talking to students about the requirements of a course helps to clarify what needs to be done. I mean the biggest difference between college and school is that new college students really have to do a lot of work on their own, and it's sometimes useful to get advice on how to arrange your schedule and work effectively. Q22

Sean: Yes. I mean, it seems like a very light workload until assignment time comes and then I seem to be working all night sometimes. I'm not the only one. It's ridiculous. The resource centre is of great importance but it closes so early. It's in the library and so you'd think you could use it more. It's a real :problem for me. Q23

Advisor: Well, you're certainly not the only person in that position, as I'm sure you've found. It really comes down to using every available hour in a systematic way. If you do this with a plan, then you'll find that you still have time for yourself and your hobbies as well. Q24

Sean: Yeah. I've heard from Thomas that you made him a sort of plan like this, and he's going away for the weekend with all his work handed in, whereas I haven't even started.

Advisor: I need to find out a few more things about you first. Now, what are your main problems? Q25

Sean: Well, what most worries me is I'm still not doing very well in my assignments.

Advisor: Well, I know that you draw up a plan for your writing carefully, but this can come to nothing if the assignment doesn't answer the question. That really is the key. You must read the question carefully and give it a great deal of thought before you even start planning or writing your first draft. It's also vital to check your work for errors. Everybody makes them, and they can influence the person marking the work. So, always take time at the end to check Q26 what you have written. Q26

Sean: As far as listening is concerned, I find it hard to keep up sometimes in lectures, especially two – hour ones. I sometimes just seem to go off into a dream.

Advisor: It's a good idea to find out from your lecturers if they mind you recording the lectures. What you only need is one of those small cassette recorders. The quality is pretty good and a second listening can really clarify things. Something else you can do is check your notes with a friend after the lecture. Q27 Q28

Sean: Yes. That's good idea. Thanks. It's hard to do all that all the time though, especially when there's so much reading to do.

Advisor: Yes. It's important, though, not to confine yourself to reading on your subject. You should also read things of general interest that appeal to you. You know, novels, newspapers, that kind of thing. Do you have a good dictionary? Q29 Q30

Sean: Not really. I've never bothered with one.

Advisor: Mmmm. It would probably be a good idea to get one. Dictionaries are not expensive and they can help a lot. Also you can underline or highlight new words and. . . Q30

SECTION 4

LECTURER

Good afteroon ladies and gentlemen. today's topic in our series lectures on Introduction of Australia is "Australia's natural problems". Actually dryness, or aridity, as it is generally called by geographers, is probably the most challenging of Australia's natural problems and so it is very important in this course for you to have a good understanding of the subject. For Australia, water is a precious resource and its wise mangement is of the greatest importance.

As I have said, Australia is a dry continent, second only to Antarctica in its lack of rainfall. Long hours of hot sunshine and searing winds give rise to an extremely high rate of evaporation, far more than in most other countries. It is estimated that approximately 87% of Australia's rainfall is lost through evaporation, compared with just over 60% in Europe and Africa and 48% in North America. You generally think of Africa as being a very hot and dry place, but it is not in comparison with Australia. In many parts of Australia standing water, that is dams, puddles and so forth, dry up rapidly and some rainfall barely penetrates the soil. The reason for this is that the moisture is absorbed by thirsty plants. Q31 Q32 Q33

Some parts of Australia are dry because rainwater seeps quickly through sandy soils and into the rock below. In parts of Australia this water which seeps through the sandy soil collects underground to form underground lakes. Water from these subterranean lakes can be pumped to the surface and tapped and so used for various purposes above the groud. In fact, extensive underground water resources are available over more than half of Australia's land area, but most of the water is too salty to be used for human consumption or for the irrigation of crops. However, most inland farmers do rely on this water for watering their animals and, where possible, to a lesser extent for irrigation. Q34 Q35

Underground water can flow very large distances and can be kept in underground reservoirs for many years. Water from these underground reservoirs bubbles to the surface as springs in some parts of the country, and these rare sources of permanent water were vital to Q36 early explorers of inland Australia, and to early pioneers last century, who used the springs for survival. But in many places levels have fallen drastically through continuous use over the years. This has necessitated the pumping of the water to the surface. Obviously, underground water sources in Australia supply about 18% of consumption. So you can see it is quite an important source of water in this dry land. Q37

So most of the consumption of water in Australia comes from water which is kept above ground. More than 300 dams regulate river flows around the country. The dams store water for a variety of functions, the rural irrigation of crops, without which many productive areas of the country would not be able to be farmed; the regulation of flooding, a serious problem which will be coped with later in the course; and last but not least, the harnessing of the force of gravity for the generation of electricity. Q38 Q39 Q40

That is all we have time for this morning, but you will be able to do further study on this important area in the library. I have a handout here with references on the subject, so if you are interested, please come up to the desk and take a copy.

Next week's lecture is a case study of an outback farm and …